像李开复一样不可替代

告诉你如何成为独一无二的职场菁英

童媛媛·编著

irreplaceable
as kai-fu Lee

古吴轩出版社

图书在版编目（CIP）数据

像李开复一样不可替代 / 童媛媛编著 . —苏州：古吴轩出版社，2011.3

ISBN 978-7-80733-601-3

Ⅰ. ①像… Ⅱ. ①童… Ⅲ. ①李开复－生平事迹②成功心理学－通俗读物 Ⅳ. ① K825.38 ② B848.4-49

中国版本图书馆 CIP 数据核字 (2011) 第 023839 号

策　　划：李　筱
责任编辑：许雪根
见习编辑：赵　娓
特约编辑：张晨思
装帧设计：天字行 · 丁岩

书　　名：**像李开复一样不可替代**
编　　著：童媛媛
出版发行：古吴轩出版社
地址：苏州市十梓街458号　邮编：215006
Http://www.guwuxuancbs.com　E-mail：gwxcbs@126.com
电话：0512-65233679　传真：0512-65220750
经　　销：新华书店
印　　刷：小森印刷（北京）有限公司
开　　本：880×1230　1/32
印　　张：9.25
版　　次：2011年4月第1版　第1次印刷
书　　号：ISBN 978-7-80733-601-3
定　　价：28.00元

前　言

李开复 1998 年创办微软中国研究院（后更名为“微软亚洲研究院”），在极短时间内创建了一个国际一流的计算机研究院。他在卡内基 · 梅隆大学读博士期间，开创性地运用统计学原理开发出世界上第一个“不特定语者连续语音识别”系统，1988 年被《商业周刊》誉为当年“最重要的科学发明”。

11 岁的“留学生”，美国第 44 任总统奥巴马的大学同学，26 岁的副教授，33 岁的苹果副总裁，谷歌中国的创始人……他有着太多传奇的经历，为了他，两家最大的 IT 公司对簿公堂，他的每一次人生选择，都成为“自我超越”的典范。

这就是李开复—— 一个不可替代的人物。

2009 年 9 月，李开复在北京创立创新工场，帮助中国青年成功创业，帮助中国打造一批新一代高科技公司。10 年间，他在中国的高校做了上百场演讲，超过百万的中国年轻人受到他的鼓励和指引。

一个强者，总能创造出成功的契机。因为强者总是以无所畏惧的姿态活跃于社会的各个层面，在不知不觉中就成了创造机会、利用机会的专家，李开复即是如此。

自信、自省、勇气、胸怀、积极、同理心 6 种态度都是成功的必备要素，也是成功者必备的优点。但是，一旦将其中某一种态度发展到极端，优点就会演变为缺点。李开复如是说。

对于职场人士来说，如何才能做出成绩，这里有一个秘诀：在公司里做一个不可替代的人。学会独立思考，追随自己的内心，放弃该放弃的，坚持该坚持的，不要甘于当前工作的平庸状态，要勇于创新，学会把握自己，你也许就会像李开复一样不可替代，从而让世界因你而不同。

本书以李开复的传奇经历为主要案例，重点对职场人生进行详尽剖析，助你在职场中成为一个不可替代的人。

追随己心，让世界因你而不同

走什么样的人生道路，你自己决定

无论事实怎样或者他如何说，“积极地选择”总是没错。

——李开复

人生可能会面临着许多次的选择，但关键的选择也许只有一两次，在这种时候，正确的选择可能会让人拥有一个灿烂的人生，而错误的选择则可能会让人付出一生的代价。

李开复认为，大多数人觉得对的并不一定是真理。选择最好的和作最好的选择，这二者之间有本质区别，它们决定着一个人命运的走向！比如说职业，就无所谓好与坏，适合自己才是最重要的。

对于每个人来说，择业无疑是一次重要的选择，这是人生的一个十字路口，何去何从，很大程度上决定着未来的人生前景。

李开复说，一位朋友说起他即将考大学的儿子准备报考考古学专业时，显得十分无奈。在他看来，学习考古这样的专业就意味着只能做学问，过一辈子清苦的生活。但我们却为他儿子能有这样的选择感到欣慰。在这个年代，很多人变得越来越短视，很多家长都把眼睛盯在计算机、经济管理、法律等热门专业上，想让孩子毕业后找一份容易赚钱的工作。至于孩子是否适合或者喜欢做此工作，则很少去考虑；多数学生也很盲目，不知道自己到底喜欢干什么和能干什么，只是一味地听从家长安排。

这位朋友的孩子能够选择别人不愿选择的冷门专业，至少说明他是个有想法的人，他懂得对自我人生进行设计，并敢于按照自己的设计选择人生。从这一点上说，他的心智远比许多同龄人成熟。

如今在中国，房地产商是最赚钱的，但未必每个人都能成为房地产商；搞影视也算是很好的职业，但不是所有的人都能成为好导演或好演员。况且现在热门的、火的，未必将来就火，即使将来依然火，但自己不适合做，不喜欢做，选择了这个职业，岂不是一样痛苦？

所以，我们择业要选择适合自己的、有长远发展的，而不是只看眼前的利益，或者受别人的影响一哄而上。

李开复在自己的博客中写过这样一则故事：

在一所大学教书的王宾，26岁就当上了校团委书记，30岁任学工处处长，如今已是该校的校长助理。据王宾介绍，在他毕业的时候，许多大型跨国公司去学校招聘，格外青睐成绩好的学生。成绩好的学生，一般也会选择这些薪水高的企业；成绩不好的才会去一般的小单位。王宾当时成绩非常好，率先被挑中，但他偏爱学校的生活，犹豫了很久，还是选择留校，当一名普通的辅导员。他说："我相信当年如果我选择了去那些大家都争着抢着要去的跨国公司，前景也会不错，但我可能就不会像现在这样拥有一份自己真正喜欢也适合于自己的职业。"

从微软跳槽到谷歌，在微软一些高层的心目中，李开复成了"叛徒"；社会上也有很多人对李开复的这一选择表示难以理解。但是，在我们看来，这只不过是李开复一贯信奉的"积极地选择"的结果——积极主动地寻求改变、寻找机会，这是李开复的成才观，他本人正是这一法则的拥趸与实践者。李开复正是因为有了多次主动选择，才成就了今天的成绩与声望。

所以，李开复说，上帝对每个人都是很公平的，他赋予每个人不同才能的同时，也给他们提供了各种各样发挥才能的机会。我们应该学会发现并珍惜自己的才能，正确、积极地选择人生，在社会中寻找到适合自己的位置。

职场点睛

鱼与熊掌不可兼得。在人生的每一个关键时刻，20几岁的你必须审慎地运用你的智慧，有所选择，有所放弃，作最正确的判断，选择属于你的正确方向。在前进的方向上，随时审视自己的努力是否产生了偏差，并适时地进行调整。

人生路上，总会碰到十字路口，让人难以抉择，此时，做出积极的取舍，才能更好地把握自己的命运。

追随心的选择，不轻易动摇自己的信念

一个 20、30、40、50、60 岁的人，都应该追随自己的心，听从自己心中的声音，告诉自己说这是我想做的事情，而且一个 20 岁到 60 岁的人，或者 70 岁的人，都应该继续学习……我觉得任何一个在任何职场、任何公司工作的人，他如果觉得自己没有在学习，没有在成长了，这就是换个工作的一个原因。

——李开复

在职业生涯中，工作不管是顺利与否，每个人都会遇到类似跳槽选择的困惑。有的人，一跳再跳，越跳越高；有的人，一跳就完，且一蹶不振；而有的人，则是在不断跳槽中找到自己最佳的职业和事业，并将自己的职业和事业理想最大化。

打算跳槽的时候，李开复认为，你一定要先静下心来冷静而理性地问自己几个问题：

1.“我为什么要跳槽？”

是迫不得已，还是另有追求？是主动求变，还是被动走人？如果是迫不得已，首先反问一下，是不是真的迫不得已？有没

有争取或改变或调整的余地？如果是另有追求，是否真的是更高的追求？而这追求背后是否隐含着巨大的风险成本？如果是主动求变，是横向的变还是纵向的变？是变好的可能性大还是变差的可能性大？如果是被动走人，是不是真的只有“走人”这一个办法来解决？走了之后的“下家”有没有找到？等等。

所有围绕“为什么要跳槽”的问题，如果自己已从正反、直接间接都回答得清清楚楚，那么，你就知道了自己跳槽的内在原因和外在原因了。这样，“跳”起来就会有的放矢，而不是走一步看一步，看一步废一步。

2.“我该不该跳槽？”

“为什么要跳槽”只是明确了跳槽的原因，但是并没有回答“什么时机跳”，也就是说，“我该不该跳”是在“跳”的前提下如何寻求最合适的“跳”的时机。一旦时机不合适，不管怎么“跳”，都会隐藏着巨大的职业风险和职业成本。这些隐藏的成本和风险会很快在自己跳槽后的职场中体现出来。所以，跳槽的时候一定要把握好时机。

当年，在权衡了以上几个问题之后，李开复认为，苹果公司已经每况愈下，而且当时苹果的 CEO 阿梅里奥的很多表现也让他感到失望。在《世界因你不同》一书中李开复这样说：“在阿梅里奥的苹果时代，日子开始变得令人窒息，我隐隐地感觉到，我无法继续在他领导下的苹果工作了。”就这样，李开复决定离开。

1996年7月，李开复离开了那个他曾经热爱的、为之奋斗了6年的苹果公司，来到SGI（硅图像）电脑公司担任互联网产品部门副总裁兼总经理，负责多平台、互联网三维图形和多媒体软件的研发工作。

李开复回忆这段经历时说：“到了1995、1996年，公司一年又一年地裁员，而且又来了一个首席执行官，思维并不缜密却爱夸夸其谈，我就觉得苹果这个公司可能待不下去了，但是当时我还没有在积极地找的时候，SGI就找到我……SGI当时的电脑，它打造了比如说《侏罗纪公园》，还有《玩具总动员》，还有《魔鬼终结者》，这所有电影里面的这些动画也好，特殊效果也好，都是SGI的软件硬件所做出来的，所以非常地让人向往，觉得是一个像魔术的公司一般。他说开复你自己来选吧，你要做什么，我们帮你量身打造一个部门让你来管。一个公司为了得到一个人才，愿意付出这么多……我觉得这是我不可以说不的一个机会。”

可后来的事实证明，这次李开复看走了眼，因为李开复在这样的一个公司只待了两年，而且它的全盛时期很快就过去了。

李开复说：“当时我应该更仔细地去审视，SGI也是同样，因为微软和英特尔做出来的机器也能以更低的价钱做出百分之七八十它的功能，我没有想到这一点会造成它走下坡，我太相信这些工程师会再创一个奇迹。当然这些工程师没有创奇迹，我也要负责任，然后新进来的CEO就把不赚钱的部门砍掉，我的部门就是这样被砍掉的。”

1998年，李开复一边做着离开SGI公司的交接工作，一边继续在美国寻找工作。不久，经朋友介绍，他进入了当时世界知名软件公司——微软公司，并受命在中国创建微软中国研究院。

李开复说：“我这样做，不是因为别的，是因为我的内心始终有一个目标，那就是实现自己的价值。循着这个目标，我不断转变自己的角色，但是不管怎么变，不管最终我去到哪儿，我内心的选择是不会错的。”

苏格拉底曾说过：“一个人能否有成就，只看他是否有坚定的信念这个条件。”的确如此，就像李开复的经历告诉我们的——当有了坚定的信念，我们就会多一份信心，多一点坚持，才有可能成为命运的主宰者。

职场点睛

只有一个人能告诉你人生的目标是什么，那就是你自己。不妨闭上眼睛，把浮现在脑海里的第一个理想记录下来，因为不经过思考的答案是最真诚的。

再者，你也可以想像一下，15年后，当你达到完美的人生状态时，你将会处在何种环境下？从事什么工作？其中最快乐的事情是什么？跳槽，要有原则，也要有策略，更要有方法。至于成功与否，全在于你自己是否用心。

明确职业理想，做自己想做的

在确立职业理想时，要考虑到这个前提：高薪并不等于职业理想。我们生命的价值不在于拥有多少钱，而在于做了多少有意义的工作。

——李开复

很多求职者被问到职业理想时，给出的答案都会是：月薪过万，或者进入全球500强企业。在实际生活中，现实往往与职业理想发生矛盾。很多人不能按照自己的理想标准选到合适的职业。没有高薪，于是有的人索性不就业，坐等“理想职业”的出现。有的人随便谋个有收入的工作混日子，对与自己职业理想不相符的工作怨天尤人，无所作为。

这些现象发生的根源，皆源于择业者没能正确认识职业理想与个人价值的关系。

一般人会认为，理想就是实现某些物质利益，比如金钱、名誉或者地位，而这些又基于一种大众心理定势，那就是“我必须有钱才能感到快乐”。但是钱不应该是我们的目的，更不能被称之为“职业理想”。

李开复在一次演讲中曾讲到：“我的一位同事，在认为自己赚够了钱之后，说了声‘拜拜’就去享受他的环球旅行了。当时他才30多岁。然而几个月后，他发现自己当初的决定是错的，他不用担心温饱，但并不快乐。因为真正的快乐来自于工作的过程，而不是由它获得的报酬。”

李开复建议，在确立职业理想时要考虑到这个前提：高薪并不等于职业理想。我们生命的价值不在于拥有多少钱，而在于做了多少有意义的工作。那些追求理想的人，在多年以后比那些只追求金钱的人会赚到更多钱。

除了对金钱物质的追求，有的人对职业理想还有一个误解，就是希望能够一次性进入自己喜欢的行业或者得到想要的工作，这个其实很难。在紧张的就业形势下，第一份工作对于刚毕业的大学生来说很重要，但并没有重要到决定了一个人的终生。一生换上四五份工作是正常的，很多时候，职业理想并非能够一蹴而就，而是需要一个曲折的过程实现。

李开复有一个在美国读大学的学生，他所在的学校不算很好，但他的成绩还可以。他立志进入谷歌工作，李开复发现他很聪明，但专业知识不够扎实，就对他说：“现在还很难，但如果再努力一下就有可能。”并建议他去读硕士，向他推荐了谷歌很喜欢的一所大学。两年后他拿到了硕士学位，如愿以偿地进入了谷歌工作。

职业理想要结合自己的个人价值，但是不能存在幻想的成分，现实毕竟是现实，职业理想不等于理想职业。选择职业不能仅仅依靠兴趣和特长，而要认真思考将来如何过职业生活。择业最重要的是对将要从事的职业有个正确的态度。这些要求主要包括3

方面：第一，维持生活；第二，发展个性；第三，承担社会义务。人们只有为同时代人的快乐、幸福而工作，才能使自己获得真正的幸福。因此，个人也只有把现实和理想紧密结合，并且不断加以修正，努力在社会所提供的客观前提下，选择比较称心的职业，才能实现职业理想。

一般认为当个人的能力、职业理想与职业岗位最佳结合时，即达到三者的有机统一时，这个职业才是你的理想职业。只要你的职业理想符合社会需要，而自己又确实具备从事那种职业的职业素质，并且愿意不断地付出努力，迟早有一天会实现自己的职业理想。

在一次演讲中，李开复向大家推荐了一种方法，用来检测自己的理想在何方，这个方法被称为“墓志铭测试”：想象自己离开了这个世界，而你的墓碑上刻了一段话，当你的亲友来扫墓时，看到它就会想到你是一个怎样的人，你为这个世界做了什么样的事情。

现在尝试想象一下自己的墓志铭，也许你就会明晰，自己想做一个怎样的人，做哪些事情，树立什么样的职业理想。

职场点睛

在确立自己的职业理想时，要认真地分析一下自己的职业理想是不是脱离实际或过高，自己的职业素质是否符合你所选择的职业要求。职业理想虽然因人而异，没有绝对的标准，但必须指出的一点是，职业理想必须以个人能力为依据，超越客观条件去追求自己的所谓理想，是不现实的。

让直觉适时地指引你前行

每当我想到我将迈出的一步，我就会想起苹果创始人乔布斯的名言："最重要的，是拥有跟随内心与直觉的勇气，你的内心与直觉多少已经知道你真正想要成为什么样的人。任何其他事物都是次要的。"

——李开复

2009年9月，谷歌全球副总裁兼大中华区总裁李开复离职，在舆论界引起一场轰动，在相当长的一段时间内成为人们的谈资。李开复在他的名为《再见，谷歌》的公开信中表示，在过去的4年里，谷歌中国从一个很小的雏形一直慢慢发展壮大，成为了一家平稳、成熟、走上轨道的公司。他对谷歌已经没有遗憾，人生只有一个缺憾没有实现，这个遗憾指的正是遵循自己内心的力量，让直觉指引自己走向之后的创新工场。

苹果电脑的创始人之一史蒂夫·乔布斯在某次演讲中曾提到，你的生命有限，不要效法别人，浪费自己的生命；不要为教条所困，盲从教条就是生活在别人思考的结果里；不要让别人的观点淹没你内心的声音，要有勇气追寻自己内心的直觉。

这种直觉告诉你真正想成为什么样的人，这是第一位的，别的一切均居其次。

李开复离职时表示，自己有幸看到苹果、微软、谷歌这3个世界一流公司的成长、成功，有幸在美国硅谷和中国的中关村崛起时，在这两个地方做过最有创意的工作。当时他透露，自己下一步想用自己的主动性做一个掌控全局的工作。

我们发现很多成功人士往往都是从内心最深处渴望变化，在他们头脑中往往有一幅清晰的图像，并且打破常规，遵从自己内心的指引。他们选择职业的时候，没有给自己内心留下什么空间，用来怀疑自己所作的选择，他们对自己的直觉都深信不疑。

理想的职业有时候可能是靠直觉，直觉是企业家或创业者、总经理、律师和医生们经常提到的重要因素。大多数决策者都会相信自己的直觉，因为他们认为，自己对局势看得很清楚，直觉是通向成功的一把有力的钥匙，提高自己的直觉能力是一种特殊的训练。

在选择职业的时候，要学会正确运用自己的直觉。当灵感和内心的力量出现时，要结合自身实际来做出可行的决定，直觉并非是简单的感觉，它包括你曾经的体验、经历和知识。比如阿里巴巴总裁马云曾经搞了中国第一个黄页网站，又搞了第一个B2B网站，接着淘宝、旺旺、支付宝、阿里巴巴等，都是马云靠敏锐的商业直觉在互联网红海中找到了蓝海。而实现自己的想法，就让阿里巴巴研究院来实现。因此可以说，天下没有实现不了的技术，只有想不到的模式。

李开复曾回忆自己的经历，称做老板曾是他儿时的梦想。他是整个家里都非常自豪的一个老来子，聪明又顽皮。20 世纪 60 年代，李开复的父母就开始“放权”给他，让他独立成长。因为这种开放的环境，李开复很早就理解成功并不是偶然的，是因为“我跟随我的心，我愿意放弃”。

在创立创新工场的时候，李开复曾说，选择的难度不在选，而在放弃。你的直觉和心中的声音要引导你：这件事情你做了，就会因你而有更大的影响力，当你能更清楚地听到这种心中的声音时，更能帮你做出放弃的选择。

对职场人士来说，把你的梦想带到工作中，尝试解决与职业有关的问题。在就寝的时候，问自己一个具体问题。当你醒来，写下任何你记得的当晚的梦想。重复此过程一个星期，你很可能会获得新的见解。

职场点睛

直觉凭借人们已有的知识及经验得出，对于普通的职场人士来说，因为直觉常常会受到客观环境的影响及个人情感的干扰。特别是后者，当一个人处在某种情感（例如猜忌、埋怨、愤怒等）的困扰中时，直觉的判断就有可能失去客观性。

因此，做出任何一种职业选择，建立在符合客观的事实要求的基础上很必要，那种不顾现实需要、单凭主观直觉的决策，很可能会导致失败。

专注你的擅长，成就职业梦想

我相信，很难找到比我更适合这个工作的了，这个职业是我喜欢的教师、职业经理人和投资者3个角色的精华凝聚而成。

——李开复

在马路上骑自行车，你完全可以骑出一条直线，可如果是在一根铁轨上呢？恐怕骑不了几米就会跌下来，为什么？选择面不一样。当面临许多选择时，生活中的我们总觉得自己能做许多事情；当我们只有一条路可走时，又表现得不知所措。

东山再起的风云人物史玉柱说：“一个人一生只能做一个行业，而且要做这个行业中自己最擅长的那个领域。”成功的人往往是那些把自己逼上一根轨道的人，他们别无选择，只有执著一心地往前走；不成功的人则往往是因为可选择面太多而分散了精力，最终一事无成。俗话说，百事通，不如一事精。用心去做你擅长的事，成功只属于执著追求的人。

李开复曾对自己做过一个分析，认为自己更适合于从事创新型的工作，在一个公司从小到大不断发展的时候，自己是最愉快的。他多年来对中国大学生和创业者的指引，都是在从无到有地开创一项新的事业，而创新工场则是将这些完美结合在一起的项目，也是最适合李开复的工作。

“工作的环境是次要的，关键是能否做自己最擅长的事情，达到自我实现的目标。”李开复这样应对来自不同角度的声音。

从众多成功者的经历来看，成功的一个关键因素就是做自己感兴趣和最擅长的事情。如果没有兴趣，就没有百分之百的激情与动力；如果不擅长，就不可能把一件事情做到最好。刘翔是跨栏冠军，王励勤是乒乓球冠军，乔丹是“飞人”，巴菲特是“股神”，他们之所以成为英雄，正在于他们都是在做自己最擅长的事情。

李彦宏在谈起自己的成功秘诀时曾说：“第一，做自己喜欢做的事情。如果你做的事情不喜欢，碰到困难，很有可能就会退缩；第二，做自己擅长做的事情。”事实上，李彦宏一直在用自己的行动实践着这句话，20年来，从未离开过自己喜欢的行业半步。

他们本来都是普通人，但因为在某一点上超过别人，因而获得了成功。职业规划的目的，不是要你变成另外一个人，而是要你成为最好的自己。搞清楚自己的优势在什么地方，做自己喜欢和最擅长的工作。

李开复选择创业的时候47岁，在快到“知天命”之年时，不服天命，选择去和年轻人一起开创全新的事业，选择了自己擅长的领域去成就另一番职业梦想。但值得注意的是，他选择的项目全是他所熟悉的行业，创新工场的投资范围将会集中在互联网、移动互联网和信息技术行业三大领域，这样就不会出现大的偏差。在圈定项目后，或将以亲自担任一段时间CEO的方式协助创业团队实现这些年轻人的梦想。

这种“扶上马，送一程”的方式，既能展现李开复最擅长的管理执行能力，又能避免年轻人创业初期管理经验和资源不足的问题。在自己擅长的领域，做自己擅长的事情，并且又精打细算。应该说，在执行层面，李开复的创新工场已难找到什么软肋。

李开复说：“我学到的一个很大教训是，当一个公司开始不能专注主业，太贪心地扩张很多业务的时候，反而把他宝贵的东西稀释了，也就是经理人的注意力。也许CEO都很能干，但他每天要把60%、70%的精力都花费在理解那些自己不熟悉的新业务上的时候，反而只会把他的主业给荒废了。”

飞利浦照明集团高级副总裁、东亚区总经理韩比德在阐述自己择业观的时候说，他选择工程师这个职业，最初就是因为对设计感兴趣，喜欢动手。而著名诗人歌德，因一度没能了解自己的特长，白白浪费了10多年的时间，为此，他懊恼不已。但他还算幸运，至少最后找到了自己的路，使得文学史上多了一颗璀璨的明星。而那些找不到自己路的人，只能蹉跎了岁月、黯淡了时光。

网易丁磊在某次论坛的发言中曾讲到："从企业的发展角度来说，我们有一个基本的形势，虽然我们是一个很灵敏的企业，我们有很多的现金，但我们永远把企业的安全放在第一位。我们不随便做一些不擅长的事情，我们也不会为了多赚钱做一些投机取巧或者急功近利的事情，我们公司有一个技巧就是做自己擅长做的事情，专注在一个领域。"

所以，尽量找一个你喜欢又擅长的职业，这样，可以缩短你与成功的距离。

职场点睛

在确立目标时，要考虑到自己的特长。聪明的人，总会去做自己擅长的事情。因为做我们不擅长的事情，就算再努力，最多也就是不会被别人落下太远；而做擅长的事，我们就有可能成为那个领域的精英。

一定要做自己喜欢的事，发自内心的喜好是推动事业进步的最大动力，它能帮你克服困难，坚持到底。如果你喜欢的事情有很多，要挑选自己最擅长做的事，这样就能在感受快乐的同时取得不俗的成就。

第二章

树立成功思维，做最好的自己

凡事积极主动，远离被动的坏习惯

消极被动的习惯是积极主动的最大障碍，如果你从小就在消极、被动的环境下长大，你就更应该努力剔除自身已有的那些消极因素。

——李开复

《摆谱》一书里对合作双方当事人中的乙方“提条件”的作用和目的有十分清晰的解释：制定规则一般为强势一方所使用。但是，处于相对弱势的乙方有时会故意提出某些或大或小的前提条件（即使这些条件与自己并无太大利害关系），在形势上改变自己单纯被动的局面。“提条件，哪怕提出的是一项很微小的条件，也向对方释放出明确的信号：我是有身份的人，和我合作是有前提的。”

一般来说，你不敢提条件，有时可能会被认为这是你实力不够的表现，反而会妨碍谈判的达成。在谈判上如此，在职场生活中更是如此。从小事做起，积极主动去选择和争取有利于自己的条件，这才是正确的态度。

李开复 5 岁那年，他离开幼儿园进入学校，在那之后，几乎在每一次选择的转折点上，李开复都采取了主动。谈到从微软跳槽，李开复曾经透露，是自己积极地去找谷歌求职，才有现在的结果，“那时我是微软全球副总裁，但我不管面子，或许谷歌在等着我，但谁会想到我会辞职呢？我不去，谷歌怎么能知道呢？”

在现行的教育体制下，中国父母、老师习惯越俎代庖帮孩子设计人生规划，孩子从小事事听从父母和老师的安排，养成了被动的习惯，不善于主动规划自己的成长道路，不知道如何积极地寻找资源，使自己的学业和人生迈上更高的阶梯，总希望别人告诉他们该怎么走。

李开复在给创业青年的一封信中提到，谷歌的创始人塞吉·布林和拉里·佩奇在电视上被访问时，记者问他们的成功应该归功于哪一所学校，他们的答案不是斯坦福大学，不是密歇根大学，而是蒙台梭利小学。在蒙台梭利教育的环境下，他们学会了“自己的事，自己负责，自己解决”。正是这样的积极教育方式，赋予了他们鼓励尝试、积极自主、自我驱动的习惯，继而带来了成功。

既然曾经的经历可能给你造成消极被动的惯性，你就更应该调整自己的行为方式，在众多不够积极的人群中脱颖而出，积极地开拓自己的疆土。要想在现代化的企业中成为不可替代的人，必要条件就是必须努力培养自己的主动意识，在工作中要勇于承担责任，主动为自己设定工作目标，并不断改进方式和方法。此外，还应当培养推销自己的能力，在领导或同事面前要善于表现自己的优点。

“在人生的旅途中，你是自己唯一的司机，千万不要等别人驾驶你的生命之车。你要稳稳地坐在司机的位置上，决定自己何时要停、要倒车、要转弯、要加速、要刹车等等。人生的旅途十分短暂，你应该珍惜自己所拥有的选择和决策的权利，虽然可以参考别人的意见，但千万不要随波逐流。”李开复曾这样建议当下青年。

具备主动的工作态度，积极投入工作，正面处理工作上的疑难，并且愿意以不同的角度、尤其是以创新的手法为企业解决问题，这样的人更容易赢得上级和同事的欣赏。职场员工最怕像一个算盘珠，别人拨一下，才动一下，凡事只按本子办事，从不会在问题恶化前主动想办法解决问题。试问这种被动的员工，又怎会得到上司的赏识呢？

以下方式可能会对职场中人调动自己的主动性有所帮助。

- 保持身心最佳状态

一个疲倦的人，除了疲态毕露，更会因为身体状况欠佳而令自己凡事采取逃避的态度，这样如何主动提出改善问题的良策呢？无论如何，第一步要认真地把自己弄醒。

- 完成必须要做的事

不是每一件工作都可以推迟完成，或者把责任推搪至其他同事身上。假如有些工作需要马上应付，你应该立即行动，最好是在上级授权你去处理前已经作好准备。手头上要做的事，主动加快工作速度才是解决方法。

● 创新思考解决问题

不要轻看自己的能力，多运用创意，多与同事交流，找出问题，对症下药，也可以提出新主意，鼓励同事更主动地处理问题。

只有积极主动的人才能在瞬息万变的竞争环境中赢得成功，只有善于展示自己的人才能在工作中获得真正的机会。正如美国诗人惠特曼在《草叶集》里所写的那样："我不能，别的任何人也不能代替你走过那条路；你必须自己去走。"

职场点睛

我们进入一个新的环境，从陌生、担心到熟悉、掌握再到得心应手、有所创新，从被动、适应工作到主动、创新工作需要经历一个过程。

职场新人在此时应抱有的基本心态是：放开心胸，积极主动面对问题；不找借口，通过对工作结果负责，快速提高工作能力。工作中越怕出错越容易出错，在极其紧张的心情中工作，容易影响思考和判断力。当工作中出现问题时，积极主动去面对问题，努力找各种方法去解决问题，而不是逃避问题。

自律——“酷”在内心，赢在职场

自律主要包括四个方面：推迟满足感、承担责任、尊重事实、保持平衡。

——李开复

俄国作家安德列耶夫说过：一个人最大的胜利就是战胜自己。明朝的徐溥在青年求学期间，发现自身的自律能力差，就在书桌上放了两个瓶子。每当自己做了一件错事，或说了一句坏话，就在一个瓶子里放上一颗黑豆；做了好事就在另一个瓶子里放上黄豆。开始时，黑豆颇多，黄豆很少。他对此进行了深刻反省。过了一段时间，黑豆黄豆就各占一半了。于是他再接再厉，更加严于律己，久而久之，瓶中黄豆满满，而黑豆寥寥无几。正是凭着这种持久自律的约束，徐溥不断磨练自我，终于成为一代名臣。

自律，在李开复看来，指的是自我控制和自我调整的能力。自我控制不安定的情绪或冲动，在压力面前保持清晰的头脑；以诚实赢得信任，并且随时都清晰地理解自己的行为将影响他人。

自律对于领导者来说更为重要。李开复曾说，作为软件企业的领导，要管理别人，要让下属信服，就要先从自我做起。领导的做法通常是大家做事的目标和榜样，领导的每一次举手投足都会给下属留下深刻的印象，如果处理不好，可能会造成负面影响。特别是当公司或团队处于危急时刻，需要领导带领大家克服困难、冲出重围的时候，如果领导表现得比职员还要急躁，翻来覆去拿不定主意，大家就会对领导丧失信心，公司或团队也会因此走向失败。

在现代社会，凡是成就大事业的人，一般都具有极强的自我克制能力。一个人的时间、精力、能力不可能是无限的，想成就大事业的人知道怎样对自我资源进行严格管理和合理分配，这样才能发挥自己最大的潜力，这就意味着要克制自己某些方面的欲望，甚至要重塑自己某些秉性。无论是个人还是组织，拥有自律的品质才有可能超越别人，达到最终目的。正如诙谐作家杰克森·布朗那个著名的比喻："缺少了自律的才华，就好像穿上溜冰鞋的八爪鱼。眼看动作不断可是却搞不清楚到底是往前、往后，或是原地打转。"因此，如果你知道自己有几分才华，而且工作量实在不少，却又看不见太多成果，那么很可能是因为你缺少自律。

白玉霜是著名评剧演员，演技很高，被人称做评剧皇后。她为了做到自知、自律，不论三伏酷暑，还是三九严冬，一有时间就去练功、练嗓子。有人对她说："你已经成名了，干嘛还这么苦练？"她笑笑说："戏是无止境的。"而且，她还能虚心听取别人的意见，不管什么人，只要给她指出缺点，她都非常高兴地接受。

二战后，在世界500强企业里，美国西点军校培养出来的董事长有一千多名，副董事长有两千多名，总经理、董事一级有五千多名，超过美国任何一所商学院。这些领导人之所以优秀，是因为他们终身都奉行着西点军校的一句至理名言：没有任何借口。这种不为自己找借口，不放纵自己的品格，是最严格的自律。而正是这种自律，才使他们带领企业，跻身世界500强之列。

那么，如何做到自律呢？

要自律，必先自省，通过自省才能确立自律的标准和重点。君子责己，小人责人，这是应该时时引以为戒的。

自律必须克己。就我们现在而言，自律是要克服懒惰的思想，在学业上有所获得。业精于勤荒于嬉，行成于思毁于随，这也是无需赘言的道理。

自律需要理性。所谓理性的自律就是，不能以自我为中心，要尊重事物本身的规律，保持平和心态。不凭空猜疑，不绝对肯定，不固执己见，不主观臆断。

如果要锻炼你的自律能力，以下几个方法可以去尝试。

第一，制定出你做事的优先顺序，然后按这个顺序去做。

想一想，试着举出生活中两三件对你最为重要的事情。以它们为标题，依次写下你能够以自律来培养、提升它的步骤。

排出一套每天或每周执行的计划，使你有规律的行动带来可以预期的效果。

第二，把自律的生活方式当成目标。

培养自律的最佳方式是为自己制定系统及常规，特别是在你认为重要的、需要长期追求的指标项目上。

第三，列出你需要自律的理由。

花一些时间把上述行动所能带来的好处列出来。将这些好处张贴在你每天可以看到的地方，当你泄气或想放弃时，就把这张单子大声念给自己听。

第四，挑战你的借口。

如果想培养自律的生活方式，首要的功课之一就是破除找借口的倾向。“我们所犯的过错，几乎都比用来掩饰的方法，更值得原谅。”如果你有若干个令你无法自律的理由，那么，你要认清它们只不过是一堆借口罢了。如果你想成为不可替代的人，就必须向你的借口提出挑战。

第五，把目光投向结果。

、　无论任何时候，只要你把注意力放到工作本身上，不去考虑结果和奖赏，就很容易灰心丧气，如果沉浸于其中太久，就会养成自怜的毛病。因此，下次当你再面对一件不得不做的任务，心中开始企图抄捷径而不按规矩踏踏实实去完成时，切记：要打消自己这样的盘算，把目光转回到目标上。认真权衡按部就班的好处，花工夫彻底做好它。

职场点睛

自律必须建立在诚信的基础上。为了表现所谓的“自律”而在他人面前粉饰、遮掩自己的缺点，刻意表演的做法是非常不可取的。只有在赢得他人信任的基础上，严于律己、宽以待人，才能真正获得他人的尊重和赞许。

任何一个企业或机构，如果给予怠惰者和贡献者同等待遇，那么，你将会发现前者越来越多，后者越来越少。这是老板最不愿意看到的，因此，把借口丢掉，你的勤奋自律一定会得到更好的回报。

择善而从，并且坚持下去

没有一个态度、一种做法、一个答案永远是对的，要看情形，这是择善而从。

——李开复

经历了在苹果与SGI公司的种种不如意，李开复不仅懂得了如何做出选择，也知道了什么样的选择是正确的，什么样的选择是错误的。回首失败的经验教训，不仅让李开复知道应该如何避免失败，更让他坚定了对自己的信心：一旦做出正确的选择，就应该无怨无悔地坚持下去。

“幸福的人总是相似的，不幸的人则各有各的不幸。”同样，“成功的人总是相似的，不成功的人各有各的原由。”对于那些能取得杰出成就的人来说，我们不难发现他们的一个共同点，那就是坚持——只有始终坚持正确的方向，才有可能达到目标。李开复在坚持自己的观点时，也会受到来自导师、上级、同事的不同意见的影响，在众多的外部诱惑和干扰面前，如果稍有松懈，李开复的今天可能就会是另一个样子。

没有一种成功能一蹴而就。成功的人生总要经历无数次的失败和挫折、无数次的磨难与考验。坚持能赋予人战胜困难的信心，让人积蓄力量蓄势爆发，经历大挫折后仍然信心百倍，坚强地重新站立起来，时刻坚持自己的原则与标准，无论外部环境如何变迁都始终如一地按照自己的想法行事，要做到这一点，没有坚韧执著的品质是不可能的。所以说，坚持也许是成功中最重要的因素。

新生开学，“今天只学一件最容易的事情，每人把胳膊尽量往前甩，然后再尽量往后甩，每天做300下。”老师说。

1个月以后有90%的人坚持。又过1个月仅剩80%。1年以后，老师问：“每天还坚持 300 下的请举手！”整个教室里，只有 1 个人举手，他后来成为了伟大的哲学家，他就是柏拉图。

福特坚信自己可以成为一名出色的机械师。于是，他用 1 年的时间完成了别人要 3 年才能完成的机械训练，随后又花两年研究蒸气原理，试图实现他的目标，然而却没成功。随后他又投入到汽油机的研究上来，每天都梦想着制造出一部汽车。其创意被大发明家爱迪生所赏识，邀请他到底特律担任工程师。经过 10 年的辛苦努力，在 29 岁时，福特成功地制造出第一台汽车引擎。今日的美国，平均每个家庭都有 1 部以上的汽车；今日的底特律，已成为美国最大的工业城市之一，当然，也曾是福特的财富之都。而能够推动这一进程，很大程度上源于福特当年的那种坚持。

小杨、小华和阿斌都是数控机电专业的学生，有缘的是毕业后 3 人一起被招聘到同一家工厂，进行实地实习作业，更巧的是 3 人都被分配到数控机床作业。在实习工作期间，小杨一直觉得实习不像正式工作，因此很不重视实习机会，经常不是迟到早退就是请假，实习基地的老员工觉得他无视劳动纪律，实习期满便叫他走人了。而小华觉得数控操作辛苦，不能坚持，便中途自动放弃退出了。到最后只剩下阿斌自始至终都能认真实习，从不怕辛苦，而且能很好地完成工厂老员工给他安排的工作内容，最后阿斌便顺理成章地留在了工厂。这 3 位见习生的职业技能水平都差不多，都有机会被录用，可只有阿斌坚持到了最后。

有些求职者像小杨一样我行我素，言行举止缺乏诚信，自然不会受到欢迎。有些求职者则像小华一样，总觉得工作辛苦，常常没被炒鱿鱼便自己先放弃。当然还有不少求职成功者就像阿斌一样，珍惜就业机会、谦虚好学、坚持不懈。

有些人，从来就知道自己想要什么，想做什么，这些人是幸运的，却又注定要受累。他要抵制其他诱惑，他摔了跟头也不能喊疼，他还会成为别人眼中“一意孤行”的怪人。他只要做到两点——选择正确的路，而且坚持走下去——而这两点又是最难的。一旦他选了，坚持下来了，他就是众人仰慕的英雄和王者。

职场点睛

成功没有秘诀，贵在坚持不懈。任何伟大的事业，成于坚持不懈，毁于半途而废。其实，世间最容易的事是坚持，最难的，也是坚持。说它容易，是因为只要愿意，人人都能做到；说它难，是因为能真正坚持下来的，终究只是少数人。

自信：发挥你的优势

当你认识到自身的价值并作了最终决定之后，即便有人反对，你

也不必在意，你就是你自己，你的自信可以帮助你发挥优势，释放潜能。

——李开复

一个人的目标和愿望的实行，不能只靠一腔热血，还需要切实的实现途径，其中最重要的就是扬长避短。美国盖洛普公司曾出版过一本畅销书《现在，发现你的优势》，盖洛普的研究人员发现：大部分人在成长过程中都试着“改变自己的缺点，希望把缺点变为优点”，但却碰到了更多的困难和痛苦，而少数最快乐、最成功的人的秘诀是“加强自己的优点”。

李开复认为，“加强自己的优点”，就是把大部分精力花在自己有兴趣的事情上，让自己有最大的机会取得最优秀的结果，从而培养自信、走向成功。

在充满竞争的职场里，在以成败论英雄的工作中，谁能自始至终陪伴你、鼓励你、帮助你呢？不是老板，不是同事，不是下属，也不是朋友，他们都不可能做到这一点。唯有你自己才会伴你走完人生的春夏秋冬，也唯有你自己才能鼓起你的信心，激励你更好地迎接每一次挑战，这需要你对自己的长处充满自信，对自己的缺点会有效管理。

自信是一个成功者必备的品质。一个人如果能把自己的想法或愿望清晰、明白地表达出来，那么他内心一定具有明确的目标和坚定的信心，同时他充满信心的话语也会感染对方、吸引对方的注意力，直到让人们相信，他的自信心对他人有着巨大的帮助。培养自信的关键在于认识并发掘自身的优势，从某种意义上说，这比弥补自身的劣势更重要。

李开复 11 岁刚到美国时，课堂上很难听懂老师所讲的内容，有一次老师问："1/7 换算成小数等于几？"他虽然不能完全理解老师的意思，但认得黑板上的"1/7"，以前背过的，就立刻举手并正确回答了这个问题。老师很高兴，送他去参加竞赛，同学也认可，这给了他自信，他开始告诉自己有数学的天分，也想把英文学好，因为只有这样才能学习更多的数学知识，自信给了他发挥长处、弥补劣势的动力。

微软亚洲研究院的主任研究员周明，小时候在"学生劳动"中刷了 108 个瓶子，打破了纪录，从而获得自信。他说："我原来一直是没有自信心的，但是这件事给了我自信。这是我一生中最快乐的经验，散发着一种迷人的力量，一直持续到今天。我发现了天才的全部秘密，其实只有 6 个字：不要小看自己。"

在一个越来越强调人际交往和互动的现代社会里，仅仅凭自己的本事去开辟一个新的生活空间，或者仅仅做好本职工作，就想脱颖而出获得成功，似乎越来越不可能了。唯一的做法是，勇敢地说出和实施自己的想法和主张，维护自身的尊严和权利，然后尽一切可能去影响同事、上司、下属或客户，用自己的言语和行为打动他们，形成一种互动的集体的自信心。唯有自己昂首挺胸，在刀光剑影的职场里保持坚强的自信心，才有机会出人头地。

而那些缺乏自信、不善言谈的职场人士，往往会因为工作量越来越大而不堪重负，业绩下降或无法按时完成，即使工作有成就，上司也未必了解他的工作究竟有多出色，结果往往在加薪提升时，老板把他的名字忘得一干二净，更不用说在职场中胜出或不可替代了。

职场点睛

大多数的办公室都是表面风平浪静，内部却有急流险滩的竞争场所。那些只会埋头苦干不会表现自己的人常常遭人忽视，如果你工作出色又想有所回报，你的自信就显得尤为重要。

该说出自己的想法和意见的时候就该开口，该争取自己的利益的地方就该争取，该说不的时候就要大胆地说不。不必隐瞒自己的观点，要敢于表达自我，直截了当地说出自己想说的。结果可能会出乎你的意料，你需要的都会得到满足，你的努力会很快地变为事业上的成就。

不要害怕犯错误，跌倒了再爬起来

如果你碰到墙跌倒了，那只能向你证明墙后的东西你多么地想要。是的，它不是我们的障碍，只是用来看看，我们有多勇敢！

——李开复

法国一家汽车制造公司的老板在对众多应聘者进行面试时，只问了同一个问题：以往工作中你犯过多少次错误？在获悉大多数应聘者都是一贯正确时，他却把这项工作交给了一个犯过多次错误的“倒霉蛋”，理由是：“我不要20年没有犯过错误的人。我需要的人才，是他犯过无数次错误，但每次都能及时吸取教训、立即改正。”

李开复上大学时，电子游戏只是简单地打太空人。为了每天在餐厅的地下室打到第一名，然后回去睡觉，他每周花在打游戏上的时间最少有10个小时。这个游戏很快就没有了挑战性。不久，餐厅里新添的两台机器带来了新的挑战，于是，李开复又花更多的时间去打游戏。终于有一天，李开复对自己说，太不像话了。他找到一个新的项目——打桥牌，取代了打游戏。“桥牌好啊，可以建立团队合作，不会变成呆板的机器。”他说。结果，1个星期10个小时的电子游戏变成50个小时的桥牌。结果就是：大一上学期，李开复在哥伦比亚大学的成绩单亮起了红灯：3.5分。大一下学期，期末考试即将来临，他的两门功课面临着被当掉的危险。哥伦比亚大学历史上还没有这样的先例：以第一名成绩毕业的学生在大一时的成绩这么糟糕。于是，李开复对自己做出承诺，每个学期的成绩要3.75分，每天功课做完再去打桥牌。李开复履行了对自己的承诺，他大学最后3年的成绩比大一好了很多。

或许是因为曾有这段独特的经历，李开复建议大学生多犯错，以便提升自己的能力。对犯错这件事他这样说：“我们要利用这个机会多多锻炼自己管理时间的能力。”

从谷歌辞职的时候，李开复接受《中国新闻周刊》采访时曾说过：“我认为自己做得不够好的就是这一点。就是让大家认为，李开复是一个完美的人，一个精神教父。可能也是过去大家把我想得太好太完美了，所以这次离开谷歌会让一些人感觉到我有一点瑕疵。

“对我来说，诚信比生命更重要。没有一个人是圣人或者完人，我也犯过诚信的错误，未来也会犯很多错误，我把这些例子写进新书里，想让大家觉得李开复是一个普通的人，但他愿意尽力在自己的能力之内做到最好。”

我们知道，每个人都会犯错误。一般情况下，你要么可以马上改正，要么根本不用理它，当然，这仅限于无伤大雅的情况。但是，在工作中如果犯了错，问题就严重多了。工作中的错误可能会给你的上司惹麻烦，甚至会触及企业的底线。而这些后果最终都会慢慢影响到自己。仅仅是改正工作中出现的错误，然后继续埋头苦干并不是最佳选择。如果你不小心在工作中犯了错，那么接下来你事业的走向就完全取决于你要采取什么样的对策了。

如果已经犯了错误，该如何补救？

第一步：承认错误。在第一时间内向老板承认错误。除非你犯的是个无关紧要的小错，不会给任何人带来麻烦，否则，千万不要试图掩藏你的错误。要是你的错误被别的什么人揭露出来，那就太可怕了。

第二步：给老板一个弥补错误的方案。在你去向老板承认错误的同时，你一定要想好如何弥补错误的方法。要把你的方案清晰地呈现给老板，并且告诉老板实施这个方案需要花费多少时间，是否需要增加成本等等。

第三步：别为自己的错误去指责他人。犯了错，然后指责他人，根本于事无补。但你可以鼓励那些也负有一定责任的人跟着你去向老板承认错误。

第四步：为自己的错误道歉，但不要因此而不断自责。在承认错误与责备自己之间有着很大的区别。勇于承担责任是对的，但是总是责备自己就没有必要了，尤其是在同事面前。

第五步：在私下的时间里修正错误。如果你不得不花费额外的时间来弥补自己所犯下的错误，那么不要占用正常的工作时间，更不要指望得到加班费。午休时间、下班后，或者早上提前来一会儿，才是比较好的选择。

职场点睛

美国企业也很注重职员在过去工作中犯错误的经历，不但优先录用那些曾经有过犯错经历的人，而且还经常鼓励职员在工作中犯错误。一些老牌公司，如荷兰飞利浦、德国西门子，他们在员工中极力提倡敢于失败的创业精神，对员工充分授权。

还有一些企业，提出了更为“荒谬”的用人原则：如果经营管理人员在1年内不犯“合理错误”，将要卷铺盖走人。

这些案例的潜台词就是：你可以犯错，最重要的是，你要在磕磕碰碰中，吃一堑、长一智，而不是反复栽在同一个坑里。

恪守中庸，做人做事不走极端路线

极端的自信就成了自傲，极端的勇气就成了愚勇，极端的胸怀就是懦弱，极端的自省就会变成自卑。

——李开复

有一天，孔子的弟子子夏问老师：“颜回这人怎么样啊？”孔子说：“颜回呀，他在诚信上超过我。”子夏又问：“子贡这人怎么样啊？”孔子回答说：“子贡在敏捷上超过我。”子夏又问：“子路这人怎么样啊？”孔子回答说：“子路在勇敢上超过我。”子夏又问：“子张这人怎么样啊？”孔子回答说：“子张在庄重上超过我。”子夏站起身，问孔子说：“那么这四位为什么都拜您作老师呢？”

孔子说：“坐下吧，我告诉你。颜回虽然诚信，却不知道还有不能讲诚信的时候；子贡虽然敏捷，却不知道还有说话不能太伶牙俐齿的时候；子路虽然勇敢，却不知道还有应该害怕的时候；子张虽然庄重，却不知道还有应该诙谐亲密的时候。

所以他们才认我作老师啊！”

诚信过了头，就成了迂腐；敏捷过了头，就成了圆滑；勇敢过了头，就成了鲁莽；庄重过了头，就成了呆板；同样，礼貌过了头，就成了别有用心。过犹不及是中庸之道的精髓，也是孔子最精彩的教导之一。所谓中庸之道，简单地说，就是在思考问题或为人处世时，要做到恰到好处。李开复认为，对待人的品质也是这样。所谓“明月清风不要钱”，人心假如能有这般淡泊名利的思想，自然就会做到“富贵于我如浮云”，心境自然也就清凉，如此无忧无虑该是何等飘逸？不过什么事都不要走极端，如果过分轻视世间的功名利禄，就会被人误会缺乏匡世救人精神，这时就会被社会大众所唾弃。

中庸属于实践性很强的德性，中不离用，离用则无中庸，所以它又是一种处世之道、政治之道、安身立命之道。然而这对李开复来说，其实也是一种创业之道：“比如说，在我的第五封信中提出最重要的积极主动，如果做到了极端，就变成了霸道，喜欢颐指气使、横行跋扈。在我的第二封信中提出与人相处最重要的同理心，如果做到了极端，就变成了盲从，失去了自己的原则，什么事都没有主见。极端的自信就成了自傲，极端的勇气就成了愚勇，极端的胸怀就是懦弱，极端的自省就会变成自卑。”

“自信、自省、勇气、胸怀、积极、同情心 6 种态度都是成功的必备要素，也都是成功者需要具备的优点。但是，一旦将其中某一种态度发展到极端，优点就会立刻演变为缺点。”

李开复如是说。

李开复曾经讲过这样一个例子："有位企业管理者建议员工读一读《拿破仑传记》中的一则小故事。那则故事的大意是：拿破仑小时候常和同学打架，但是总是输给对方。他下定决心，即便被打死也不服输，并采用非常规和'自杀式'袭击与对手较量。结果，这种'拼命'精神终于使对方屈服了。这位企业管理者教导他的员工向拿破仑学习。在我看来，这是一种典型的极端。在拿破仑的这则故事里，我看到的不是一个勇敢的英雄，而是一个自大、固执、不自量力的家伙。虽然我不是历史学家，但我很清楚，这样的事例绝对不值得学习。"

李开复认为，关于定目标也不要走极端："目标不应该定得太远，我见过一位同学，做了一个30年的规划和目标，这就太过了。"

李开复曾经亲身经历了一个极端的测验：公司在培训课程中，让10个副总裁围成一圈，1个半小时内可以畅所欲言，唯独不可以讲公司的事情。于是，大家开始谈论天气、政治、体育……期间还出现了争执。1个半小时后，每个副总裁都按自己心目中对其他副总裁的尊敬程度，为他们排一个序，并把自己安插在合适的位置。排序后发现：倒数第一的是从头到尾没有讲话的人，倒数第二是话最多的人。不说话的人可能有想法，但没有表达出来，那么别人就会认为他没有意见。相反，话太多的人可能有一部分话很有意义，但也讲了许多不该讲的话，这使他无法得到大家的好评。

所以，“沉默是金”和“口无遮拦”都不可取，那么我们怎么达到“中庸式的智慧沟通”呢？

对于这个问题，李开复曾经举过这样一个例子加以说明：

记得我刚进入苹果公司开始我的第一份工作时，公司里有一位经理叫西恩，大家都知道他是一个非常有才华的人，尤其在开会的时候，他得体的言辞完美地展现出他过人的才学、情商与口才，足以让在场的所有人钦佩不已。

有一天，我鼓足勇气去向西恩讨教有效沟通的秘诀。西恩说：“我的秘诀其实很简单：我并不总是抢着发言，当我不懂或不确定时，我的嘴闭得紧紧的；但是，当我有好的意见时，我绝不错过良机——如果不让我发言，我就不让会议结束。”我问他：“如果别人都抢着讲话，你怎么发言呢？”西恩说：“我会先用肢体语言告诉别人：下一个该轮到我发言啦！例如，我会举起手，发出特殊的声响（如清嗓子声），或者用目光要求主持人让我发言。但是，如果其他人的确霸占了所有的发言机会，我就等发言人调整呼吸时，迅速接上话头。”我又问他：“如果你懂得不多，但是别人向你咨询呢？”西恩说：“我会先看看有没有比我懂得更多的人帮我回答。如果有，我会巧妙地把回答的机会‘让’给他；如果没有，我会说‘我不知道，但是我会去查’，等会开完，我一定去把问题查清楚。”他的一席话让我学到了很多东西——只要把握好说话的度，选择好说话的时机，就可以得到周围人的尊敬。

正是因为掌握了这种传统的"中庸之道"，说话做事从不走极端路线，李开复才能在职场中如鱼得水，赢得了人们的尊重。

职场点睛

职场中尤其不能偏激。工作中和上司说偏激的话，是最愚蠢的做法。即使你真发现了上司对每个职员的不同待遇，也不能用偏激的语言说出来。你可以以别人的待遇为参考，恰到好处地向上司提出你的要求。

上司发火的时候未必真的想要一个解决事情的方法，他们有时只是某件事情不顺利寻找个机会宣泄而已，而令他生气的事情也未必就是他们所说的事情。此时，你最好能心平气和地听上司把火发完，等他消气后再去解释。

忌骄忌躁，正确定位自己

一个人既不能对自己的能力判断过高，也不能轻易低估自己的潜能。对自己判断过高的人往往容易浮躁、冒进，不善于和他人合作，在事业遭到挫折时心理落差较大，难以平静对待客观事实；低估了自己能力的人，则会在工作中畏首畏尾、踟蹰不前，没有承担责任和肩负重担的勇气，也没有主动请缨的积极性。

——李开复

中国人常说，人贵有自知之明。这就是说，社会生活中的每个人都应当对自己的素质、潜能、特长、缺陷、经验等各种基本能力有一个清醒的认识，对自己在社会工作生活中可能扮演的角色有一个明确的定位。

李开复曾回忆过一个小时候的故事：有天妈妈的朋友到他家中做客，询问起李开复的成绩。李开复告诉她自己从没考过99，每次都是满分。几天后在一次考试中，李开复却只拿了90分。回家后妈妈打了李开复，她说并不是因为李开复的成绩不好，而是因为那天李开复在人前过于狂妄。李开复说，这是他人生中印象最为深刻的一件事，因此他总结了自信中要不失谦虚的道理。

说到忌骄忌躁，李开复还曾讲过这样一个事例：他的一个下属虽然有一些能力，但是自视甚高，总是对自己目前的职位不满意，随时随地自吹自擂，总是不满现状。他认为李开复不识才，没有重用他，决定离开李开复的组，并期望在微软其他组中另谋高就。最终，他不但没有找到更好的工作，公司里的同事也都对他颇有微辞，认为他缺少自知之明，期望和现实相距太远。接替他职位的人，是一个能力很强的人，虽然这个人在上一个职位工作时不很成功，但他理解那可能是因为自己升迁太快，因此他愿意自降一级来做这份工作，以便打好基础。后来这个人做得的确很出色。

美国心理学家舒伯在其“生涯发展理论”中把人的职业生涯发展分为5个阶段：成长期、探索期、建立期、维持期和衰退期，并提出，人在从事每一个职业时通常都会经历从成长期到衰退期这样一个小循环。而很多朋友接触一个职业，刚刚进入成长期，还没有结束探索期，就下结论说不适合、不喜欢，立即远离该职业。这样一来，对内，自身没有积累到任何职业技能；对外，没有充分了解职业性质和职业环境。这样频繁的、大跨度的职业转换只会使一个人越来越失去自信，对职场环境也越来越不能适应，总是期待着全新的职业解决目前所有的问题。然而，就像一个人学习游泳，刚下水的时候可能会感到不舒服，不断地下沉，也可能会呛到水，如果这个时候就说“我真的不适合游泳，我讨厌游泳”，那么他一辈子也不可能学会游泳。这个时候需要花些耐心去研究其中的规则和技巧，过了适应期，掌握了其中的技巧，你就不会再下沉，而是可以让自己自在地浮在水面上了。

人在职场也是这个道理，只有掌握了生存的技能，才能不沉沦下去。不断地变换水域并不能使你学会游泳，同样，不断地变换职业也无法使你获得职业的成功。不同的职业，需要的专业技能是不同的，但除专业技能外，还需要很多的通用能力，包括与人沟通、团队协作、收集和处理信息、文字和口头表达能力等等。即便一个职业真的不适合你，它至少也可以帮助你提高这些通用能力。

诸葛亮有句名言：“非淡泊无以明志，非宁静无以致远。”平和宁静的心态来源于淡泊寡欲的心绪，严谨刻苦的治学态度来源于对自身差距和肩负责任的深刻理解，而强烈的求知欲望和责任意识来源于崇高的人生追求和正确的价值取向。

人在职场可以轻狂，但切勿轻浮。如果说上大学时可以随心所欲，率性而为，那么进入社会，踏入职场，每个时刻、每个地方都值得去学习和总结经验，每个去过的公司，每个接触的人，都是你最好的老师。如果你一味去刻意地表现自己的不羁，那么只能说明你的心气太高，或者说心态不够好，无形中只会让你自己被社会所鄙夷、所淘汰。

如何克服没有自知之明，过于自大或者急躁？以下的小方法，或许对你有用。

克服自大：此类人凡事喜欢逞强，过于高估自己，轻视别人，易引起同伴反感，不妨有意选择难度较大、动作较为复杂的运动，如跳水、体操、马拉松等项目，或者找一些实力水平远超过自己的高手进行象棋、乒乓球、羽毛球等项目的对垒。人外有人，天外有天，多体验运动的艰难，有助于克服自负、骄傲的毛病。

克服急躁：此类人缺乏耐性、急于求成，往往因一时冲动犯下错误。要克服急躁情绪，可选择下象棋、打太极拳、慢跑、长距离散步、游泳及骑自行车、射击等运动项目。上述运动强度不高，强调持久性和耐力，坚持从事这样的活动，能帮助人调节神经系统的活动，增强自我控制能力，从而达到稳定情绪、克服焦躁的目的。

职场点睛

在进行职业转换时，要客观地分析自己在该时段具备了哪些专业技能，同时也要分析自己有哪些通用的技能可以迁移到新的职业中去。作好客观冷静的分析后，再确定自己下一步的发展方向，切不可盲目地进行职业转换。

只有攀登上一座小山，才能看到另一座山头在哪里，如果总在山脚下转悠，永远看不到美丽的风光。职业的发展也如登山，每走一步，都需要分析自己已获得了什么；下一步发展方向在哪里；对照发展目标，自己还需要哪些提高和补充，切不可急于求成。

培养独立思考、独当一面的能力

不要把不确定的或困难的事情一味搁置起来，要知道不去解决也是一种解决，不作决定也是一个决定，消极的解决和决定将使你面临的机会丧失殆尽，终有一天你会为此付出沉重的代价。

——李开复

前纳粹的宣传部长戈培尔曾经说过这么句话："谎言说一百遍就成为真理。"这句话的潜台词是，人，在宣传机器的强大攻势下，很容易背离自己对事物最初的认识。

社会心理学里曾经也有个著名的实验，说的是邀请你进入一个房间，给你出示两幅图，让你找出图上长度一致的两条线。在这个房间里也有实验者安排的一些人，这些人假装和你一起看图，他们会一口咬定一个错误的结果。实验的结果是，几乎所有的参与者都会同意这个房间里主流人群的意见，而这个意见明显是错误的。

尽管大部分人都不会承认自己没有独立思考的能力，但在中国的传统文化和现存教育体制下，能够独立思考的人始终是少部分。因此李开复建议大学生，在大学期间，学习专业知识固然重要，但更重要的还是要学习独立思考的方法，培养举一反三的能力，只有这样，毕业后才能适应瞬息万变的未来世界。

李开复还以他认识的在中国读完大学来美国读研究生的朋友为例，这些人来美国后，无论是在学习、工作还是生活中，最缺乏的就是独立思考的能力，因为在国内时他们很少独立思考和独立决策。上中学时，老师会一次又一次重复每一课里的关键内容。但进了大学以后，老师只会充当引路人的角色，学生必须自主地学习、探索和实践。走上工作岗位后，自学能力就显得更为重要了。

据说，微软公司曾做过一个统计：在每一名微软员工所掌握的知识内容里，只有大约10%是员工在过去的学习和工作中积累得到的，其他知识都是在加入微软后重新学习的。这一数据充分表明，一个缺乏自学能力的人是难以在微软这样的现代企业中立足的。

一般而言，给别人做下属是一个人进入职业生涯的第一步，这一步走不好，以后的道路可能就会更艰难。俗话说“头三脚难踢”，这“头三脚”其实就是职业生涯如何开个好头的意思。但一般人以为这“头三脚”所踢的无非是如何打开工作局面的问题，其实这种理解是不正确的。除了工作局面，最重要的是有独立思考的能力，清楚自己所做的事情，并能对自己所做的担负起责任。

有一天，一家公司的一位销售经理谈到了一个在 1 年前被聘用的年轻销售员，从他的个性、外表、能力来看，他似乎可以在这方面有长足的发展，然而事实是他没有。当有人问起“为什么”时，这位销售经理说：“这个年轻人毫无长处，他在每一个方面都懂一点，可当需要对某个问题进行深入探讨的时候，他却没有自己独立的思考，只停留在表面上或者人云亦云，无法深入到问题的实质，因此难以独当一面。”

现在，我们的生活中不乏平庸之辈，如果你能深入地思考并能独当一面，你就定会超越平凡。在当今社会，一个不能独立思考、无法独当一面的人，是无法担当大任的。虽然这样做会花费你很多的时间和精力，但你会发现，你在这方面的努力将会得到成倍的回报。在工作上能够独当一面，上司才能相信你的能力。单位里有那么多的工作琐事，上司不可能事事过问。他只在宏观上把握全局，而具体的每一部分工作都由下属分工负责。这种工作的独立性使得你必须有独当一面的能力，这是你在单位立足和升迁的必备素质。如果你能在如财务、英语、计算机方面有一技之长，上司觉得这方面离开你不行，这样在上司心目中才会有你的位置。如果你没有这种能力，不仅不能让上司省心，还会成为上司的包袱。

那么怎样才能独当一面?

有自己独特的眼光。上司在作决策时，肯定需要下属出一些新招和“点子”。这些“点子”即使不一定被采用，也能给上司思考问题和做出正确决策提供一个新的思路。

做同事所不能做。当有些事情上司和同事都感到棘手时，假如你能从容镇定地把问题解决，上司一定会对你刮目相看，所谓“危难时刻方显英雄本色”。

把同事不愿做的小事揽下来。单位里有许多不起眼的小事被大家所忽略，如勤杂工请假了，办公室没人打扫；单位新买了一些桌子、椅子要搬上楼等。聪明的人应该善于利用这些小事。当然，在上司看来，这种事情没什么可嘉赏的，但时间长了，你勤快、本分、实在、不讲报酬、能吃苦、工作扎实的作风，自然会在不知不觉中让上司对你充满好感。

著名的管理学家彼得·德鲁克指出：因为信息时代取代工业时代、世界无边的竞争、放权自由的管理模式，未来的历史学家会说，这个世纪最重要的事情不是技术或网络的革新，而是人类生存状况的重大改变。在这个世纪里，人将拥有更多的选择，他们必须积极地管理自己。对于职场人士来说，独立性显得更为重要。

职场点睛

对自己负责的关键，是要一步步学会自己去作决定而不是依赖于别人。一个不能自己作决定的人，不可能是一个拥有独立人格和真正尊严的人。

对于职场人士来说，独立性显得更为重要。这是一个全新的品牌世界，每个人都有机会成为一个值得关注的独立品牌，学会独立，自己的事情自己负责，自己的品牌自己操作。

兼听则明，偏信则暗，遇事要冷静思考、积极求证

人生就是一场不断抉择的游戏，有风雨也有阳光。这其中最重要的是，我们要用冷静的态度掌控每一次抉择的全过程：在抉择前“重重”思考，抉择后“轻轻”放下。

——李开复

李开复认为人生就是这样一场有风雨与阳光的游戏，遇到

风雨的时候一定要冷静思考。上述引言中提到的“重重”思考，李开复解释说，要培养客观、精准的判断力。每一个重要的抉择可能都与你自己的前途密切相关，当你在抉择和判断时，一定要避免先入为主的思维定式，要避免自己的主观倾向影响判断的精准和客观。

兼听则明，偏信则暗，道理大家都明白，但是实施起来却很容易自我迷惑。那么，我们该如何做出客观、精准的抉择呢？李开复给大家提供 3 个建议：

第一、把影响你抉择的因素罗列成一张“利弊对照表”。

在利弊对照表中写出每个因素的利益和弊端，然后借助该表客观地分析，哪些因素对你来说最为重要？这些因素是否符合你的价值观和理想？当你面前摆了这样一张客观而详尽的利弊对照表时，主观因素就不容易影响你的判断力了。

讲到这里时，李开复举了自身经历的一件事来作为例子：

1998 年时，我面前有两条道路可供选择：回中国建立研究院，在美国创业办公司。当我问到许多朋友，有没有人愿意和我一块儿回中国时，他们每一个人都说：“当然不愿意，只有中国聪明的人到美国，哪有美国聪明的人回到中国？”如果我是个容易被影响，不冷静客观的人，当时可能就决定不回中国了。

为了更客观地判断哪一条道路最符合我的价值观和理想，我列出了一张利弊对照表：

回中国工作

利：影响中国青年的机会 拥有自己的公司 实现父亲的遗愿 有长期承诺的公司

弊：朋友不看好中国 降低职位 薪水风险 投资的压力 搬家的麻烦

在美国创业

利：最好的研究环境 可能获得大笔财富 不必搬家 不必听人指使

弊：有倒闭的风险 没有中国经验关系 工作时间很长 我没有“创业”欲望

借助这样一份利弊对照表，我很快就做出了客观而明智的决定——回中国工作。因为综合考虑各种利弊因素后，回中国工作最能发挥我自身的特长，也最符合我个人的价值观和理想。

第二、学会用概率论的方法看问题。

李开复认为，在大多数情况下，我们都没必要认为，某种选择的成功概率一定是 100% 或 0。反之，我们应当学会分析一件事情“可改变的概率”或“可能发生的概率”。对于发生概率小的事情，在做之前一定要有失败的心理准备。另一方面，也不要等到事情成功的概率达到 100% 时才去做，因为即便做成了这种事情，也没有什么值得骄傲的。

做概率分析时，可以列出“最好的可能”和“最坏的打算”，以帮助自己综合考量。在这个环节，李开复是这样举例的：

回中国建立研究院的工作，我有 100% 的把握，可以把研究院办得与其他任何公司在中国建立的研究院一样好——这是最坏的打算；我有 40% 的把握，可以做出世界一流的研究机构来——这是最好的可能。用这样的方法考虑到两个极端后，我马上就会明白，即便出现最坏的情况，我和公司也可以坦然接受。因此，我选择回中国工作就成了一件顺理成章的事。

第三、当自己不确定时，学会谋之于众。

多征求别人的意见总是好的。那些更有经验的人可以用他们多年的积累为我们指引方向，那些聪明绝顶的人可以用他们的智商启发我们的思路，那些懂得人际关系的人可以用他们的情商帮助我们有效沟通。

当你询问他人意见时，可以随身携带上面提到的“利弊对照表”，与对方一起分析、讨论，这样一方面可以节省他人的时间，另一方面也可以避免你的主观描述影响他人。当然，你也必须明白，最终的决定权在你自己，即便你采纳了别人的意见，你也不可以就此将责任推卸给他人。

职场点睛

冷静、迅速地做出回应，会让上司直观地感觉你是一个工作讲效率、处理问题果断，并且服从领导的好下属。如果你犹豫不决，只会让上司不快，会给上司留下优柔寡断的印象，下次重要的机会可能就轮不到你了。

面对批评或责难，要以平和的心态接受，并且要让对方知道，你已收到他的信息，不卑不亢让自己看起来自信又稳重，从而赢得敬重。

燃烧你的激情，振奋每一个人

哪里有激情，就到哪里去

拿破仑·希尔说过："要想获得这个世界上的最大奖赏，你必须拥有过去最伟大的开拓者所拥有的，将梦想转化为全部有价值的献身热情，以此来发展和展示自己的才能。"拿破仑·希尔之所以为激情赋予如此高的意义，跟母亲曾经的教诲有很大的关系。拿破仑·希尔的母亲曾对他说，"世界从来就有美丽和兴奋存在，她本身就是如此动人、如此令人神往，所以，你必须要对她敏感，永远不要让自己感觉迟钝、嗅觉不灵，永远不要让自己失去那份应有的热情。"

激情是源自人内心的一种动力。有了激情也就能调动行为的主动，行为的主动又能影响心态进一步成熟，而心态的成熟能够教人认清生活和工作的本质意义，从而让人以更大的激情面对生活和工作，于是在激情的推动下，一个良性循环就形成了。激情是一种意识状态，能够鼓舞及激励一个领导者对手中的工作采取行动。不仅如此，它还具有感染性，不只对其他热心人士产生重大影响，所有和它有过接触的人也将受到影响。

激情和人类的关系，就好像是内燃机和火车头的关系，它是行动的主要推动力。比较完美的总经理就是那些知道怎样鼓舞他的追随者产生激情、发挥激情的人。

安德鲁·卡内基说："有两种人不会成功：一种是非别人要他做，否则绝不主动做事的人；第二种人则是即使别人要他做，也做不好的人。那些不需要别人催促，就会主动去做事、而且不会半途而废的人必将成功。"

激情能够调动行为的主动，同样道理，行为的主动亦能保持激情的燃烧。职场当中，只要我们具备一种积极主动做事的心态，每天多努力一点，多付出一点，我们就能在工作中争取到更多的机会，获取更多的进步和认可，而这进步和认可对激情无疑是一种助燃剂。

比尔·盖茨在被问及他心目中的最佳员工是什么样时，他也强调了这样一条：一个优秀的员工应该对自己的工作满怀热情，当他对客户介绍本公司的产品时，应该有一种"传教士传道般的狂热"。只有怀着宗教般的激情去投人工作，才能在这股内心动力的驱动下获得成就。

这么看来，李开复真的是从骨子里就具备成功的潜质。激情就是甘愿冒风险——真的想游泳就别站在岸上。不敢下水的人是永远学不会游泳的，李开复就是一个敢于冒险的"游泳健将"。

1998 年夏，李开复开始着手准备回中国成立研究院。很多人听说李开复要在中国做一个世界一流的研究院，都毫不留情地显露出不屑。"在中国随便拉几个人，只不过是微软的小玩具。"他们说。

一些好心人劝李开复打消回国的念头：别回去了，这件事成功的可能性不大，中国哪能找到那么多高水平的博士啊，你得手把手地教他们，到时候你就知道有多累了！他们坚定地认为这是一个“mission impossible（不可能的任务）”，他们都觉得李开复疯了，如同堂吉诃德，满怀理想，却注定要失败。

可越是这样，创造奇迹的渴望就越强烈，激情一旦燃烧起来就无法遏制。李开复掰着手指数，在雷德蒙研究院，40 岁以下的研究员中，华人差不多占了 10%，在硅谷，这个比例会更高，大概有 20%。他开始不停地往微软总部跑，打听哪些人有回国的意愿。每天回到家，他第一件事就是给人发邮件，说服人家回国开办研究院。

然而，希望越大，失望越大。很多华裔的员工都不愿回国创业，因为安定下来的华裔工程师们已经习惯了美国的生活，极少有人愿意放弃眼前的一切回到国内。而且微软中国研究院院长只是个比公司副总裁低一个级别的职位，所以，对他们来讲，回国创建这个研究院机会成本太高，不值得冒风险。

李开复没有说什么，他依然坚持回国。李开复后来回忆，每被拒绝一次，他都要在心里强化一次“我是对的”，他认为只要找到 5 个一流的资深研究员，就一定能打造出亚洲最好、世界知名的研究院。即便没有一个资深研究员来，也可以做一个中国最好的外企研究院，再做亚洲第一，两三年做不成，就做 10 年！

功夫不负有心人，1998 年 11 月 5 日，微软中国研究院终于在李开复找到微软软件测试经理陈宏刚和资深软件工程师凌小宁这两位他真正需要的人才后正式宣布成立。这个当时只有 3 个人的小团队当天迎来了 300 多位嘉宾，其中包括中科院院士、著名大学校长。以后的日子里，微软中国研究院让李开复办得风生水起，微软的人不得不为这位“堂吉诃德”喝彩。

激情是你工作的动力

对自己所从事的工作充满激情和想象力，对前进途中可能出现的各种艰难险阻无所畏惧。

——李开复

有一种情绪状态叫激情。这种情绪状态，催人奋进。古往今来的一切成功者所获得的成就，无不与他们的激情投入有着紧密的关系，因而可以说，激情与人生成功有着不解之缘。

每个人都有激情与冷漠两面，当一个人充满激情时，就是一座山压在你的肩上，你同样会微笑着去撑住它；但当一个人因疲惫和事情的冗杂而变得消沉时，即使面对的是缤纷的烟火也会觉得只是与白炽灯的光相差不多罢了。因此，一个人最重要的就是健康的激情和坚强的意志。

黑格尔说：“我们可以肯定地说，世界上的伟大事物都是靠激情来成就的。”激情存在于一切伟大的探索之中，它是一切创造活动和工作的动力。李开复在说明自己创立创新工场的时候说道：“我开始了作为一个创业者的旅程，这让我很振奋。我说过我想用自己的主动性做一个掌控全局的工作，创业就是这样的一类工作。

它可以激发你无限的潜能，是完全主动的，因为它使你产生一种想要掌控全局的欲望与激情。这对我个人来说也是一种创新，职业的创新、生命的创新，我相信创业对于每个人来说都意味着这样的创新，不管他选择的创业领域是新兴的还是传统的，创业是一种从无到有的激情。”

易凯资本 CEO 王冉接受网易记者采访时认为，李开复已经功成名就了，却还毅然出来创业，他的激情让人佩服。

激情是人的核心。对自己工作的热爱和激情，也许是一个人取得事业成功、身心愉快的最关键因素之一。对于现代人而言，工作不只是简单地为了解决吃饭问题，人们更希望通过工作或事业的发展来达到自我价值的肯定。

如今人们用一个网络热词——“橡皮人”来形容那些没有激情的人。“橡皮人”这个词最早是在 20 多年前由王朔创造，近年以来再次成为网络流行语。《新周刊》做过一个关于“橡皮人”的专题策划，对“橡皮人”的定义是：他们没有神经，没有痛感，没有效率，没有反应。整个人犹如橡皮做成的，是不接受任何新生事物和意见、对批评表扬无所谓、没有耻辱和荣誉感的人。调查显示，“工作10年以上”是最容易“橡皮”的。有42.4%接受调查的人在这个阶段进入了“橡皮人”状态。人力资源资深人士刘华指出：这个时候，除了自我检讨和反省以及积极调整心态，去学习、培训或者给自己放个长假，都是改变“橡皮”状态的有效途径。而为自己找到一件有兴趣的事，不失为一个轻便的解决之道。

在电影《海角七号》中，有一群生活陷入各种“橡皮”状态的人，有的事业陷入困顿，有的婚姻陷入窘境，有的看不到未来，他们因为组建一支乐队，而让生活重新焕发了活力，各自的生活也柳暗花明。

对于大部分人而言，一生当中，有1/3的时间都在工作，工作，就意味着与人打交道。殊不知，你从小受到的各种教育，也许在职场上派不上用场。职场，不是培养作家、艺术家的地方，不能让你随心所欲，张扬个性。职场是做人的地方，一切都是现实的，需要你面对和适应。职场是随机应变的艺术，而非一成不变的教条。不要因为遭遇了挫折，就怨天尤人，调动你情商中最为重要的元素“激情”，积极掌握自己的人生方向，在职场中创造你的成就和价值。

激情是不断鞭策和激励我们奋进的动力，它可以使我们不畏惧现实中所遇到的重重困难和阻碍，也可以使我们克服因为忙碌、疲倦、重复和没有新鲜感而产生的压力与倦怠。充满激情的人，生活一定了无遗憾，跟着自己的心走，收获一定大于付出。

通用电气全球首席 CEO 韦尔奇说："对我来说，极大的热情能够一美遮百丑。如果说哪一种品质是成功者共有的，那就是他们比别人更有激情。对成功者来说没有什么细节因细小而不值得去挥汗，也没有什么大到不可能干好的事。多年来，我一直在我们选择的领导者中发掘其工作激情，激情不是浮夸张扬，而是某种内心世界的东西。"

如果觉得自己激情不再，就要想办法调动自己的激情，正视工作倦怠心理。在形成任何一种有效的应对策略之前，首先，要对职场缺氧有明显的认识和接受的态度。人们应认识到自己在压力之下所作出的反应并不是个人能力差的表现，而是人人都可能会体验到的正常心理现象。

职场点睛

在职场上学习让自己喘口气也是一门学问。一些日常的松弛方法，如游泳、做操、散步、洗热水澡、听音乐等也十分有效。此外，还可以做深呼吸、肌肉放松等。

激情并不是一味地任由梦想主宰自己。我们需要做的，是先拥抱激情，然后利用智慧和理性滋润、壮大这份激情，并将其融入生活之中。激情加上理性的引导力量，就可以把你推向高峰，推向你所寻求的梦境。

专注和激情是一对双胞胎，坚持一个标准

专注地把一两样最重要的事情做好。

——李开复

等红绿灯的当口，A说，没事儿，还有10分钟呢。B马上看表说，什么呀，还剩8分钟了。C掏出手机，我的时间准，11分钟。D抬眼看看车上的表，明明只有5分钟了。几个人哈哈大笑，真是表越多越乱。

每个人都有自己的概念时间，而且，依据这个时间行事，通常也不会产生什么致命误点。可是，如果非要锱铢必较，弄上几个表以准点行事，那可能就真的出事了。

“手表定理”说的就是这么个道理。大意是讲，当一个人有一只表时，可以知道现在是几点钟，当他同时拥有两只表时，却无法确定。两只表并不能告诉一个人更准确的时间，反而会让他失去对准确时间的信心。如果你还戴着两只以上的手表，奉行两个以上的做事标准，不妨扔掉其中之一，即使留下来的那个暂时并不是最准确的。因为只有坚持一个标准，才会有原则和唯一的参照物，才有可能将激情专注在自己该做的事业上，从而让事业蒸蒸日上，让自己与众不同。

专注对公司很重要，因为一个公司的成功也来源于管理者

或领导者的注意力。马云曾经说过，你没有入错行，是心太花，不知道自己要什么。

前国务院发展研究中心研究员、世界银行顾问王育琨在博客中写道:李开复博士特别推崇微软的专注价值。因为专注，微软才能把自己的专长做到最好，以保持在软件领域的领先地位。

专注是一种很强大的力量。今天的李开复，能够大胆选择青少年教育，能够拿出自己的激情为下一代服务，那份真诚和能量，表明他要全神贯注做一件事。小时候我们都学过猴子丢了西瓜捡了芝麻的故事，那时候我们都笑猴子太傻。但笑归笑，对这个故事的含义并不理解，直到工作多年后，才觉得猴子傻并非智力问题，而是心态问题。它不断地进行探索、选择、尝试，又不断地放弃和转移。它的心态已经注定了它的收获必然最小。

成就一番事业，实现人生价值，是一切有志者的追求。然而，通向成功的道路往往并不平坦，影响成功的因素复杂多样。现实生活中常常会看到这样的情形：有的人对学业、工作、事业专心致志、不懈努力，不受外界诱惑的干扰，扎扎实实地向着既定目标迈进，最终获得了成功；而有的人却耐不住寂寞、禁不起诱惑，好高骛远、见异思迁，对学业、工作、事业缺乏一种执著精神，结果是一事无成。

无数事实说明，专注是走向成功的一个重要因素。

成功者大多拥有专注精神。他们知道，在分工越来越细的今天，没有一个人可以做到行行通、样样精。要想有所建树，必须要专注于一行一职。把自己全部的精力、时间和所能调动的一切资源，都投入到所选择的事业中，去创造尽可能大的成绩。

有些人则想法太多、目标分散，总是一心多用、左顾右盼，因为不专注，所以力量无法凝聚，因此无法在本职工作上取得成绩。因为没有成绩，所以在竞争中落后，并一输再输，最终只能被淘汰出局。

世界著名的物理学家丁肇中先生，在40岁时就获得了诺贝尔物理学奖。丁先生说："与物理无关的事情我从来不参与。"迈克尔·乔丹从15岁开始从事篮球事业，至今已有30余年。期间有很多机会从事很多行业，但他坚持只投身篮球运动。因为专注，使他成为NBA历史上最伟大的球星之一。

任何行业及职业都是博大精深的，够一个人花一辈子的精力去钻研和奋斗。任何一个大师级的人物，都只是某一个领域内的大师。比尔·盖茨最聪明的地方不是他做了什么，而是他没做什么。凭借他的实力，如果去股市淘金，可以翻云覆雨；如果去做房地产，能够翻天覆地。但如果他那样做了，比尔·盖茨可能就做不了IT界的领袖，微软也成就不了今天的辉煌。

狼在捕猎的过程中，对一个目标始终坚持"咬定青山不放松"的精神。面对猎物时，他们总是一心一意关注着猎物的动向。

因为专注，才能在面对诱惑时，做到心无旁骛，才能捕捉到猎物。其实这也是人类成功之本。学会专注，我们就会有一种虔诚之心；学会专注，我们就可以激发出更多的灵感；学会专注，我们就距离成功更进了一步。

我们可以为自己制定一个总的高目标，但更重要的是一定要为自己制定一个实施目标的步骤，并且采取积极的行动，专一地为目标而奋斗，千万不可分散自己的时间和精力。一个不能专注于自己目标的人，结果总是事与愿违的。

有时候，一个人自诩拥有多种技能，但由于只是蜻蜓点水、钻研不透，反而不如拥有一项专长的人受青睐。如果你专注于某一件事情，尽力地把它做到无可挑剔，那你可能比技能虽多但无专长的人更容易获得成功。

职场点睛

古人云，十鸟在林，不如一鸟在手。既然选定了一项事业、一份职业，就专注地投入进去。做到思之、想之、谈之、研究之、坚持之，把它弄懂、弄通、弄透、弄专、弄精，尽最大努力，调动自身全部资源和力量做到最好。

拥有这种心无旁骛的坚定信仰和“十年一剑”的专注精神，才有可能在有生之年成就一番事业，实现自己的理想和价值。

让你的职场生涯存有执著的毅力

毅力是一种心理忍耐力，是不怕挫折、愈战愈勇的精神。

——李开复

你可知道世界上第一台显微镜出于谁之手？他是一个初中毕业的农民，在镇政府的门卫岗位上工作了60多年。他选择了费时费工的打磨镜片作为自己的业余爱好，这样一磨就是60年。他是那么专注和细致，锲而不舍。借着镜片，他发现了另一个广阔的世界——微生物世界。

从此，他声名大振，只有初中文化的他，被授予了在他看来是高深莫测的巴黎科学院院士的头衔，就连英国女王都到小镇拜会他。创造这个奇迹的人物，就是科学史上鼎鼎大名的活了90岁的荷兰科学家——万·列文虎克。

歌德60年的坚持不懈，最终创作出了宏篇巨作《浮士德》；贝多芬失聪后依然坚持不懈，最终创作出了伟大的《命运交响曲》。一个人如此、一个国家也是如此。八年抗战，中国人民始终以把日本侵略者赶出中国去为信念，即使在最困难的时刻也毫不退缩，即使在最艰苦的时候也未放弃，最终打败了侵略者，取得了最后的胜利。

李开复讲过，有一次，有两个人到他的部门申请同一份工作。这两个人都很有才华。但是，第一个人在做他自己不喜欢做的琐碎事情时，常会犯些小错误。例如，写演讲稿时，总会拼错一些单词。至于第二个人，有一次答应做一件十分琐碎、要很多时间和精力的工作。结果，在3个月里，他不厌其烦地核对、整合、确认了大量数据，把这份工作完成得非常出色。最后，这份工作当然非他莫属。

对于此事，李开复认为，很多人在失败过一次、在付出很多努力却看不到进步时，会开始怀疑努力和成功的关系，开始麻木和放弃自己。然而成功就藏在下一个拐角，如果不靠着毅力走过去，你永远也看不到它。真正的成功离不开机遇，但机遇又往往是自己创造的。很多失败者并不是找不到自己的兴趣，而是担负不起责任，缺乏毅力去坚持。

李开复一直坚信人都是有惰性的，但同时他也坚信人能战胜这种惰性，他说，坚持是一件很难的事情，有时往往因为内在的惰性而坚持不下去了。要摆脱这种惰性需要循序渐进，不是一两天就能做到的。他常常把自己的梦想写下来，随身携带，每每拿出来看就感觉很有斗志。他就是这样执著地利用梦想的刺激来使自己进步。

职场励志小说《杜拉拉升职记》中，主人公杜拉拉也是凭着一份坚持、凭着一份执著而获得成功的。杜拉拉从行政助理——行政主管——人事行政经理——人力资源总监，时间并不漫长，两年不到，但每一次的升职过程都不是那么顺利。杜拉拉对于工作是执着、认真、努力的，上司玫瑰担心杜拉拉的威信胜过了自己，影响自己后面的职场发展，不批她的行政主管职务，反而劝她离职。杜拉拉执著地留在了DB，惨遭上司报复，由于她的正直善良，装修公司的经理主动出面为她作证，帮她一起渡过难关。

升行政主管，也费尽周折，李斯特诸多托辞，她锲而不舍，升职成功。升人事行政经理，由于找李斯特多次谈话无望，碰巧和高层何好德越级谈论了此事，升职成功。升人力资源总监，李斯特临近退休，她的工作能力、人际关系协调能力等各方面让她成为不二人选。

如果说很多人的成功是源于他们的执著与坚韧，那么你也可以像他们一样获得成功。因为坚韧不拔、恒心毅力是一种心智状态，可以通过培养与训练获得。恒心、毅力和所有的心态一样，奠基于确切目标。怎样让自己能够有毅力去完成自己的工作，以下是几个不错的方式。

坚定目标。知道自己所求为何物，这是第一步，而且也是培养恒心毅力最重要的一步。强烈的动机可以驱使人超越诸多困境。

渴望。追求强烈渴望的目标，相形之下是比较容易有恒心毅力，并坚持到底的。

自立自强。相信自己有能力执行计划，可以鼓舞一个人坚持计划不放弃（自立自强可以根据自我暗示那一原则培养出来）。

正确的知识。知道自己的计划是有经验或以观察为根据的，可以鼓励人坚定不移；不知情而光是猜想，则易摧毁恒心毅力。

合作。和他人和谐互助、彼此了解、声息相通，容易助长恒心毅力。

意志力。集中心思，拟构确切目标，可以带给人恒心毅力。

习惯。恒心毅力是习惯的直接产物。人们会吸取滋长心智的日常经验，并且化身为其中的一分子。可以通过强迫自己采取行动的方法，来对抗最大的敌人——恐惧。每个在作战中积极行动过的人都知道这一点。

人们常说坚持与毅力是成功的阶梯，有成就的人都有着坚强的毅力。

职场点睛

从心理学上说，毅力属于意志的范畴，是意志的一种基本品质，毅力也是人们为实现一定目的而去克服困难的心理过程及其行为表现。

一些人空耗岁月，谈论、幻想、描写着成功，然而很少成功，因为缺乏毅力。在一个人成才的因素中，无论天赋、能力还是教育，都比不上毅力，任何事物都不能取代毅力。要想办成一件事，必须坚持到底，你认为办得到，你就会成功。毅力加决心，无往而不胜。

找到你的兴趣，因为它是激情之母

如果一件事情你有兴趣，你就会整天在想，吃饭、洗澡、睡觉、都会想，你就会觉得那是天赋，如果不知道自己的兴趣是什么，就要多尝试。

——李开复

约翰·霍兰德是美国约翰·霍普金斯大学心理学教授。他于 1959 年提出了具有广泛社会影响的职业兴趣理论，认为人的人格类型、兴趣与职业密切相关。兴趣是人们活动的巨大动力，凡是具有职业兴趣的职业，都可以提高人们的积极性，促使人们积极地、愉快地从事该职业，且职业兴趣与人格之间存在很高的相关性。

李开复认为，兴趣有的时候就是天赋，天赋往往就是自己的兴趣所在。世界上没有完全相同的两片叶子，同样，世界上没有完全相同的两个人。每个人都是独一无二的，每个人都有自己不同的天赋，要发现自己的天赋，你必须要勇于实践、勇于探索，在尝试中发现自己、认识自己，不断地反思自己能干什么，不能干什么，如此才能取之所长、避之所短，进而成就大事。

快乐和兴趣是一个人成功的关键。如果你对某个领域充满激情，你就有可能在该领域中发挥自己所有的潜力，甚至为它而废寝忘食。你碰到没有兴趣，不知道该做什么的时候，这就意味着你应该去尝试找到自己的兴趣。如果不知道自己的兴趣是什么，就要多尝试。尝试很多不同的你可能有兴趣的东西，相信你总会找到的。还有一个秘诀，如果你还不知道自己的兴趣是什么，你的兴趣往往就是你的天赋，你的天赋就是你的兴趣。

关于如何才能找到自己的兴趣，李开复有几点建议，首先要客观。不要把社会、家人、朋友认可和看重的事当作自己有兴趣的事。不要把看起来有趣但没做过的事轻易认定为是你的兴趣，需要亲身体验后才知道是兴趣还是憧憬。

一个人的兴趣爱好往往蕴藏着自己的天赋，但兴趣爱好不等于天赋。例如，你非常喜欢唱歌，但你不一定有演唱天赋。所以我们可以从自己众多的兴趣爱好中寻找自己的天赋，却不能把兴趣爱好当成自己的天赋。美国旅馆业巨头希尔顿曾说，他花了 32 年的时间去发掘自己的长处，开始还是个小职员，但这没有什么可耻的。华盛顿起初也不过是个验货员，毛姆提笔写作前读的是医学，他们最终都找到了能充分发挥自己才能的事业，从而走向成功。不要因为长辈或薪金的原因被纳入一条固定的轨道，失掉应当属于自己的天地。别为暂时不知道自己的长处而犹疑不决。在寻找和培养自己兴趣的同时，要科学地规划自己的职业。从职业兴趣的发生和发展来看，一般要经历这样一个过程：有趣——乐趣——志趣。

有趣是兴趣过程的第一阶段，也是兴趣发展的低级水平。接下来是乐趣，乐趣又称为爱好。它是在有趣的基础上定向发展形成的，是兴趣发展的中级水平。在这一阶段或水平上，人们的兴趣会向专一的、深入的方向发展。最后就是志趣。当人的乐趣与人的社会责任感、理想、奋斗目标结合起来时，便由乐趣转为志趣。它是兴趣发展的高级水平。志趣具有社会性、自觉性和方向性的特点，它可以伴随你的整个职业生涯。

虽然职业兴趣一旦形成便在职业生涯中具有一定的稳定性，但根据实际需要，还是可以通过多种途径，加上自己的努力去规划、改变、发展和培养的，在培养职业兴趣时，可以从以下几个方面努力。

培养广泛的兴趣。具有广泛兴趣的人，不仅对自己职业领域的东西有浓厚的兴趣，而且对其他方面也有兴趣。这种人眼界比较开阔，解决问题时也可以从多方面得到启发，在职业生涯规划的选择上有较大的余地。

重视培养间接兴趣。直接兴趣是由于对事物本身感到需要而引起的兴趣，间接兴趣则不是对事物本身的兴趣，而是对于这种事物未来的结果感到需要而产生的兴趣。人在最初接触某种职业时，往往对职业本身缺乏强烈的兴趣，必须要从间接兴趣着手培养直接兴趣。可以通过了解职业兴趣在社会活动中的意义，对人类活动的贡献等以引起兴趣，也可以通过了解某项职业的发展机会引起兴趣，还可以通过实践逐步提高间接兴趣。

要有中心兴趣。人的兴趣投影广泛，但不能浮泛，还要有一定的集中爱好。既广泛又有重点，才能学有所长，获得更多的知识。如果只有广泛性而无中心兴趣，人往往会知识肤浅，没有确定的职业规划方向，心猿意马，这样难以有所成就。所以，还应着意培养自己在某一方面的职业兴趣，促进自己的发展和成材。

积极参加职业实践。只有通过职业实践，才能对职业本身有深刻的认识和了解，才能激发自己的职业兴趣。职业实践活动内容十分丰富，包括生产实习、社会调查、参观访问以及组织兴趣小组等。每一个人都可以通过参加各种职业实践活动调节和培养兴趣，根据社会和自我需要，有意识地去培养和发展兴趣，为事业的成功创造条件。

职场点睛

一个职业是否令人满意，不仅取决于兴趣，还取决于胜任能力和价值观的匹配度。其中胜任能力包括一般胜任能力和特殊胜任能力，一般胜任能力指的是各个岗位通用的工作能力，如沟通、承压、责任等；特殊胜任能力是不同岗位特别要求的技能能力。

胜任能力的培养依赖于学习和实践的历练，价值观和兴趣的发现则是一个过程，是依赖于胜任能力而成长和实现的。虽然职业测评可以将个人兴趣聚焦到某一个范围，避免受测人走弯路，然而对于个人兴趣的深刻洞察、体验与认同仍需要个人在实践过程中不断反省与整合。

敢闯会拼才有真人生

对自己负责的人会勇敢地面对人生。

——李开复

对于一个想成就一番事业的人来说，胆识和勇气的作用是不可替代的，甚至是起决定性作用的。古今中外所有成大事者，从秦皇汉武到拿破仑，从唐宗宋祖到凯撒大帝，无不具有超出常人很多的胆识和勇气，他们敢闯会拼，最终成就了自己。

2005年是李开复的转折年。他没有想到，一次普通换工作的经历引发了一次“地震”。微软的诉讼使他陷入了人生最低的低谷，对他的虚假负面报道铺天盖地而来。但是，他想到了他一生的座右铭：用勇气改变可以改变的事情，用胸怀接受不能改变的事情，用智慧分辨两者的不同。

他全力以赴地投入了这场战斗，不再理会那些不能改变的谣言，将从微软提取的30万份邮件资料中找寻有利的证据以证明自己的清白。经过两个月的努力，法庭同意李开复到谷歌工作。最后，当李开复回到媒体面前开始工作时，他发现，没有一个记者还提问与诉讼有关的问题，因为官司的胜利，让谣言不攻自破。

塞万提斯曾经说过："丧失财富的人损失很大，可是丧失勇气的人，便什么都完了。"对于一个人来讲，丧失了财富并没有什么，如果失去了机会那就失去了很多，但是如果丧失了勇气那就失去了全部。

拥有勇气和胆识，才能抢先一步，接近自己的理想。当别人还在迷迷糊糊的时候，就已经决定了该做什么，该如何去把握机会。因为机会越多，成功的概率自然就越大，成功的速度也就越快。真正有胆识的人不是有勇无谋的莽夫，而是智勇双全的智者。他们也有失败的时候。不过，他们输得起，不怕血本无归、倾家荡产。他们不服输，相信自己肯定能成功。这种成功带来的愉悦正如伞兵的体验——伞兵这样描述："在我第一次要跳出飞机的时候，我全身各部分都抗拒不前。在跳出飞机之后，我和死亡之间只隔着一根绳子和一小片绸子，我不得不承认我非常害怕，但是在我发现那一小片绸子和一根绳子可以吊住我之后，我感受到了一生中最奇妙的欢乐，那是一种非常荣耀的感觉，认为自己不再害怕任何事，内心充满了从畏惧中解脱出来的欢乐。那实在太愉快了，我真的不想落到地面来。"

人生本就是场战争，是场不断向自己的命运发动挑战的生命之战，勇敢则是面对恐惧、承担不幸和挑战未知最有力的武器。优秀的人总是充分相信自己，敢闯敢拼，敢于向未知的结局挑战，敢于创造机遇。2005 年 5 月的一天，在微软已经身心俱疲、萌生去意的李开复随意地打开新浪网，看到了“谷歌在中国将大有作为”的标题，他知道这对于他是一个机遇——当然，更是一个挑战。就在那一刻，李开复没有等待，他立即在网上搜索了谷歌总裁艾瑞克·施密特的电子邮箱地址，发出了他希望加盟谷歌的邮件。李开复觉得，如果他没有主动出击去把握潜藏着的机会，很可能他会与自己的理想失之交臂。令他没有想到的是，当天晚上，李开复就收到了效率奇高的谷歌向他伸出的橄榄枝。几个月后，李开复正式成了谷歌的一员。后来李开复在一次接受记者采访中这样说他当时的举动：“我做了，我试了，我不会在我 70 岁的时候因为看到谷歌是全世界最大的公司，后悔没有在我 43 岁那年写这封 E-mail，不会后悔为什么我写好了 E-mail 却没有勇气发出去。”

职场点睛

具备勇气的同时，你必须了解这些工作为什么被认为不可能完成，针对工作中的种种不可能，看看自己是否具有一定的挑战力，如果没有，先把自身功夫练足练硬。

如果你对自己的挑战力判断有误，挑战之后无法让不可能完成变成现实，千万不要沮丧失望，没有一种挑战会有马到成功的必然性。你所经历的是胆怯的观望者们永远都没有机会知道的。

明确目标，抵制诱惑

目标太多会分散你的精力，而人的精力是有限的，要把这有限的精力用在最重要最值得去追求的东西上，才能获得成功，成为最好的自己。

——李开复

在茫茫的大草原上，有一位猎人和三个儿子。这天老猎人说要带上三个儿子去草原上猎野兔，一切准备好之后，便出发了。四个人来到了草原上，这时老猎人向三个儿子提出了一个问题："你们看到了什么呢？"

老大回答道："我看到了我们手里的猎枪，草原上奔跑的野兔，还有一望无垠的草原。"

父亲摇摇头说："不对。"接着又要老二回答。

老二的回答是："我看到了爸爸、大哥、弟弟、猎枪、野兔，还有茫茫无垠的草原。"

父亲同样很失望，摇摇头说："不对。"

而老三的回答只有一句话："我只看到了野兔。"

这时父亲点点头说："你答对了。"

打猎结束，他们看三兄弟中谁打的猎物最多时，发现打到猎物最多的是老三。

这个故事告诉我们要有明确目标，不能游移不定，眼中只有猎物的老三能猎到最多的猎物就是最好的佐证。

现代成功学里都公认的一点就是：成功源自于你有一个明确的目标。我们承认大多数的人没有目标，可是这并不是绝对的。与其讲我们缺少目标，不如说我们缺少对目标的专注，分散精力是最大的浪费。毕竟人的精力是有限的，一个人穷尽全力往往很难掘得真金。在有限的职业生涯中，能够专注于一个专业，朝着一个目标做精、做深，比那些多功能的人更容易做出成绩。李开复对国内莘莘学子的成长关怀，早已传为美谈，这使他在中国当代大学生中具有极强的号召力。他甚至还创立了学生交流互动的平台——我学网。平时不管是在国内还是国外，总是利用一切时间回复"我学网"上同学们提出的问题。正是李开复因为如此热忱，当代青年们早已将他作为内心深处一盏指引人生的航灯，这是李开复内心的声音——从谷歌辞职后的目标，如今，"我学网"正如火如荼。

成大器者的基本素质，就是对事业充满热爱之情，对工作十分专注。只有深深的热爱和高度的专注才能让一个人坚持自己的道路，并创造出前所未有的成就。除了机会和运气之外，天才、智慧和态度是成功的关键因素。

俄国著名生物学家巴甫洛夫在临终前，有人向他请教如何取得成功，他的回答是："要热诚而且慢慢来。"这里的热诚无非是对自己的目标专注的程度，专注于自己已定的目标，做自己力所能及的事；在做事的过程中不断提高自身能力，一步步来实现自己的目标。

这就告诉我们要想成功，就必须要为自己制定一个奋斗目标。目标一定不可过高，一个过高的目标，很难达到，经过多次失败之后，很容易让一个人丧失自信；当然也不可过低，过低的目标轻而易举便可达到，就算是达到了这样的目标，也没多大的意义。

狼在捕猎之前，通常都会注意观察猎物的特点，当时机一到，它们就会发起进攻，并且目标专一，即使旁边有另一只猎物，只要不是它们所追逐的目标，就会对其视若无睹，丝毫不为所动，因为它们能够想到，在美丽的猎物之后或许就是猎枪。如果它们禁不起诱惑，在不知情的情况下贸然攻击其它猎物，那么它们的成功率通常会很低。

所以专注于唯一的目标，并且拒绝诱惑，这是狼的原则性。拒绝诱惑，需要有一种超人的意志，需要我们学会专注，不轻易转移自己的目标，养成良好的工作习惯和生活习惯。工作上专注培养职业素养，专注培养专业技能。

在对一百多位在其本行业获得杰出成就的成功人士进行分析之后，卡内基发现了一个事实：他们都具有专注于一件事情的优点，最起码在一段时期里要专注于一件事情。

诺基亚公司董事长奥利拉有一句精辟之言：一个企业不可能在方方面面都行，因此，必须学会专注。现实也确实如此：中国加入WTO后，面对来自国内或异域各路精英的激烈竞争，无论是领导者，抑或是普通职员，都面临着一个无可逃避的严峻命题——非专注无以有所作为，甚至可以说非专注无法生存。

职场点睛

在工作中，不管你是想成为一个优秀销售人员，还是一个有名的设计师，或是一个优秀的产品开发人员，或是一个优秀的领导者，首先就是要明白自己想要的是什么。

有了一个明确的目标，一切准备工作都围绕着这个目标展开。比如去了解市场行情、掌握销售技巧、锻炼出众的口才等等。只有这样，你才能把这份工作做好，把工作做好了，你才能脱颖而出。

用梦想指引前程，用激情引爆力量

我辛勤工作，不是因为我贫穷，而是因为我充满着激情。

——李开复

美国前总统富兰克林·D. 罗斯福说："幸福不在于拥有金钱，而在于成功的喜悦和创造的激情。"印度作家、哲学家泰戈尔也说："激情，这是鼓满船帆的风。风有时会把船帆吹断；但没有风，帆船就不能航行。"

2005 年，谷歌中国启动工作紧锣密鼓地筹备着，李开复再次见证了一个欣欣向荣的团队的诞生，公司联合总裁周韶宁直率地对他说："无论我们在合作中有怎样的想法，我们都必须在任何问题上保持一致。我想，我们都不是为钱来到谷歌的，我们只能成功不能失败。"两人约定，如果有不同意见，那就在私下里讨论，在公开场合，谷歌中国永远只有一个声音。为了更好地沟通协作，两人甚至共用一间办公室。

然而，创业初期的激情最终消退，4 年后的情形无法不令人伤感：周韶宁早已离开谷歌，李开复也在一番心理斗争后，递交了辞呈。

2009 年 8 月 5 日，李开复最后一次来谷歌总部向直属上司谷歌高级副总裁艾伦·尤斯塔斯述职，与以往不同的是，这天，他是来道别的。并且，艾伦所说的更高职位和更高薪水也没能留住他。

“艾伦，我已经思考了一段时间了，尽管总部非常支持谷歌在中国的工作，我也感觉到这是一家改变世界的企业。不过，我心中还有一个理想没有完成。下一个阶段，我想专注地完成自己心中的这件事。所以，我决定离开公司，我是来向你辞职的！”

“啊？是吗？怎么了？李，我想你知道我们是希望和你续约的。我们在 4 月份就开会讨论了你下一个 4 年的股票合约。4 年前，当时为了弥补你放弃微软股票的损失，我们破纪录地给你谷歌有史以来最高数目的股票。这次我们还是给你一样多。这代表了我们对你过去工作的满意和对你的感谢，也希望你留下来和我们一起工作。李，你是有什么地方不满意吗？”艾伦明显感觉到很意外。

“没有，真的没有。谷歌是我所工作过的公司里最让人震撼的，我在这里也学到很多。但是坦诚地说，我不再考虑续约。本来我是打算 6 月就和你说的，但是你知道，当时谷歌中国忽然发生了急需处理的事情，我想我在那个时候一定不能离开。我告诉自己，一定要将那件事情负责任地解决之后才可以离开。现在，艾伦，所有的业务都恢复了正常，我想我可以放心地走了！”

李开复在博客中说：“我的下一步就是和中国青年人一起

打造新奇的技术奇迹，我想用自己的主动性做一个掌控全局的工作。我已经到了这个人生阶段，再不去做，我真的很怕来不及了。”李开复说。所以，尽管加州的山景城再次向李开复伸出了橄榄枝，希望他再续约4年，但是他却在此刻做出了发自内心的选择，他希望帮助年轻人圆梦的同时也圆自己的创业梦想。

李开复对自己在谷歌中国工作的4年也有一番评价：“这是一个既令人兴奋，也十分辛苦的4年。对于我的职业生涯来说，这既是一个高峰，也是有着无限风光的险峰。我相信，无论是我，还是谷歌中国，都在这4年中学习到了很多。”

对李开复而言，一个新的时代来临了。退出跨国公司的舞台，他选择了自主创业，“终于可以做一件自己能够掌控全局的事情。”2009年9月7日，“创新工场”成立，李开复出任公司董事长兼CEO。公司计划在未来5年投入8亿元培育创新人才和新一代高科技企业。

没有梦想，就没有企盼和期待，也就没有明天。用激情去坚持，追随心中的理想，持之以恒，一定能够实现你的理想。在做了很多年的打工皇帝之后，李开复转身离去，要自己创业了。李开复的成功经历被很多人称为传奇，也许他离开谷歌不是传奇的结束，而是另一个新的传奇的开始。

职场点睛

尽管能够产生创业激情的动因有很多，有的人是出于自信，有的人是不甘寂寞，有的人是渴望财富，有的人是渴望自由，甚至有的人只是为了争一口气……但无论是哪种来源的激情，其为创业者带来的客观结果都是一样的：因为有了激情，他们产生了巨大的创业行动力，并且在创业遇到困难、挫折的时候，能够用这种激情去感染员工、说服股东、争取合作伙伴、赢得客户，从而渡过一个又一个难关。毫无疑问，这就是激情的力量！

第四章

要不可替代，你必须是一个“好人”

责任心让你在职场中变得不可替代

对待自己的学业和研究项目，你需要以一个母亲对孩子那样的责任心和爱心全力投入、不断努力。果真如此，便没有什么目标是不能达到的。

——李开复

巨大的铁丝网里关着公狼、母狼和小狼一家。实验开始时，科学家们首先把公狼放了出去，但仍然囚禁着母狼和小狼。在两个月的时间里，经常可以看到公狼徘徊在铁丝网的外围，它变得精神萎靡、有气无力，几乎失去了狼原有的灵性。

按照实验计划，接下来是放出去小狼。但是几位科学家在这时产生了分歧，多数人主张不要放小狼，因为公狼的状态看起来非常差，恐怕没几天可活了，小狼交给公狼，弄不好会“两狼俱损”，实验的前期投入也将付诸东流。

就在双方意见僵持不下时，主持这个实验的科学家最后决定，把小狼放走，他相信自己原先的预想会在这次实验的结果中得到印证。于是，小狼被放出去，公狼和小狼在此后一段时间内便消失在人们的视野中。终于有一天，公狼带着小狼回来了，而这两只狼都非常健壮，毛色油亮。是什么原因致使它们如此健康呢？

原来，由于母狼不在，公狼便承担起哺育小狼的责任，从而一下子打起精神，积极地捕猎食物，所以两只狼的健康状况都改善了。因为它们一直惦记着母狼，所以总是待在铁丝网周围，不肯远走。

实验最后一步，人们把母狼也放了，从此以后再也没了这3只狼的踪影。科学家们说，公狼、母狼现在不仅共同承担养育后代的责任，而且也要互相承担责任，它们一定自由而快乐地生活在自己的天地中。

李开复在谷歌工作的时候曾经对媒体说过这样一句话，只有企业对员工负责任，员工才能更愿意对社会负起责任；只有对员工负责，才能雇到聪明的员工。

在被记者问道，为什么给学生写出这么多封信的时候，李开复同样回到：“责任感。我在中国看到了许多有潜力的青年没有将自己的潜力发挥出来，我看到了很多有潜力的企业没有获得应有的成功，我也看到了很多高校和父母无法适应新时代的教育方式。我希望能把我自己在世界一流的学府、世界一流的企业所看到的和所学到的，用中国人易于理解、易于吸收的方式表达出来，帮助更多的人走向成功。”

李开复内心怀有责任感，将责任贯穿在自己行为的过程中。

西点军校有句名言：“没有责任感的军官不是合格的军官，没有责任感的员工不是优秀的员工，没有责任感的公民不是好公民。”责任心是每个身在职场的人的第一素质。现在很多年轻人最被人诟病的就是缺乏责任感。抱着认真尽责的态度去工作，你的业绩会更加优秀，也不用为工作中会出现问题而操心。

责任是一种人生态度，是一种价值追求，更是一种义务。因此，我们不应把责任当作负担，而是要学会承担责任。实践证明，富有责任感的人无论承担何种工作任务，都能比那些没有责任感的人更容易去落实，从而取得成功。

选择一份工作，就等于选择了一份责任，等于做出了一份承诺。然而，在工作中，随处可以见到这样一些人，他们失去了自己的责任感，只有在别人强迫他们工作时，他们才会工作。那些在职场上取得辉煌业绩的人，不是因为享受了上天的眷顾，而是在于懂得以责任之心完成工作。

松下集团的创始人松下幸之助在刚刚进入电气公司时还只是一个室内布线工程负责人的助手，他整天不仅要到五六个地方干活，还要推着堆满材料的手推车跟在负责人后面跑。而且负责人与助手之间如同主人和侍仆一般的关系，使得松下还得承担给负责人打水洗手，甚至修木屐等份外的工作。

尽管工作的劳累程度毫不亚于水泥厂的搬运工，但是他对此并不在意，巨大的工作热情使他始终精神饱满、尽职尽责。

不论在职场中担当着哪一个岗位，只要有责任心，便可以将工作做得好。俗语有云 :“天下无难事，只怕有心人。”怎样才算是有责任心呢？就是在自己的岗位上竭尽全力，务求把工作做到最好。如果我是一位客户经理，就会以客为本，全力联系客户，务求提供超越客户期望的服务。可见责任心是一份承诺、一种约束、一股动力。

一位职场员工，凡事要有责任心，要实践对企业、同事及客户的承诺。例如把事情交托给你之后，上司及同事可以大感放心，因为你承诺会做的事情，结果总不会令大家失望；当客户与你有协议时，你也能一一遵守，这正是有责任感的表现。

大部分人在工作时，会有一定的自由度，以便灵活处理各种事务。有责任心的员工，会给予自己一份约束力，不会随便浪费资源，全凭责任心产生自律，令自己在没有人指导或督促的情况下，仍然全力以赴，不会放纵自己，令自己能有效率地完成工作任务。

职场点睛

责任心属于德的范畴，为职业道德的核心。一个合格的企业成员无疑是应该具备必要的业务能力的，但只有具备强烈责任心的人，才能在工作中充分发挥自身的才能，出色地完成本职工作，这是种敬业的精神。

责任心是优质员工的工作动力。当有一个能发挥所长的工作岗位时，忠于职守、勤奋尽责就是最基本的职业操守。每一个人的岗位不同，所担当的工作也不一样。为了把工作做到100分，就一定离不开责任心。而且责任心促使自己继续学习，不断进步。

开诚布公，敢于说“不”

你有权力说“是”或者“不”。你做事情不是为你的老板，而是为你的公司。你拥有这个项目，你就拥有权力。你应该相信，在你自己的领域里，你比老板懂得多。

——李开复

关于员工是否应该开诚布公、是否应当对领导说“不”，李开复讲了这样一个故事：

那是1999年初，一位叫刘挺的应聘者从哈尔滨坐火车到北京，来刚组建的微软中国研究院面试，由于他自身很优秀，最终得到了微软的聘用。后来有人悄悄告诉李开复说：刘挺认为，研究院说外地来的面试者既可以坐飞机也可以坐火车，其实潜台词就是让大家坐火车，这样节省费用。

李开复听到这一消息，第一反应是“简直不敢相信自己的耳朵”。因为在美国长大的李开复习惯了直截了当地表达，他说既可以坐飞机也可以坐火车，意思是让大家根据自己的具体情况来作选择。而李开复由此也发现，由于每个人的成长经历不同，所处的环境不同，他有时候无法洞悉员工的内心世界。因此他迫切希望他的员工不要拐弯抹角，而是有话直说。后来在刘挺进入研究院工作时，李开复特意把他找来谈心，解开了刘挺的心结。

从这件事中，李开复进一步发现，在中国，大家习惯了做老板要你做的事情，没有对老板说“不”的习惯。为此，李开复在一个下午特意召集研究院所有员工开会，会议的主题令所有员工诧异——如何对老板说“不”。李开复告诉他的员工：“你有权力说‘是’或者‘不’。我们中国人总是以为，我是为老板工作的，所以总是想，老板会怎样想。其实，你做事情不是为你的老板,而是为你的公司。你拥有这个项目,你就拥有权力。你应该相信，在你自己的领域里，你比老板懂得多，比开复懂得多，开复也不是万能的……”通过这次会议，微软中国研究院里逐渐形成了有话直说的氛围，研究院的气氛也越来越融洽。

开诚布公是李开复一贯主张的沟通方式。李开复曾说：“作为一个好的管理者，一旦你有了客观的意见，你就应该直接了当地表达。如果做任何事情都像在‘打太极拳’，会让人不知所云，也会造成很多误会。”

有一次，在微软研究院工作的一位研究人员就自己所选择的研究方向来征求李开复的意见。李开复做出了一番分析，认为这个方向有不少问题，对学术界的贡献不大，但如果他坚持，李开复愿意支持他试着去做。结果他认为李开复这句话的意思实际上就是不允许他去做，所以他就选择了其他的方向。后来讲到之所以出现沟通不畅的原因时，李开复说："因为我们的沟通方式是直接了当，而他却在'打太极拳'。这之后，我们通过一系列的公司文化讲座，让员工们了解到：心里想什么就讲什么，不要把简单的问题复杂化。现在，研究院里这类的误会少了很多。"

拐弯抹角，言不由衷，结果浪费了大家的宝贵时间。瞻前顾后，生怕说错话，结果是变成谨小慎微的懦夫。更糟糕的是还有些人，当面不说，背后乱讲，这样对他人和自己都毫无益处，最后只能是破坏了集体的团结。这样的人和作风既不能面对社会，也不可能在科学研究中走出新路，更不可能在激烈的商战中脱颖而出。

李开复认为，能够做到开诚布公，敢于说"不"，这才是尊重自己思想意愿的表现。当然，在表达你的意见时，无论反对和批评都应是建设性的，有高度诚意的，而不是为批评而批评，为辩论而批评。李开复赞成的方式是提供建设性的正面的意见。在开始讨论问题时，任何人先不要拒人千里之外，大家把想法都摆在桌面上，充分体现个人的观点，这样才会有一个容纳大部分人意见的结论。当然，你也要学习用适当的方法和口气表达你的意见，比如说不要在很多人面前让别人难堪。这样，你的批评才会奏效。

2007年，谷歌中国的地图搜索被所有的工程师公选为最差产品。而2008年初，李开复发现这个产品已经在压力之下悄然地进步了。有一次，他要约客人在公司附近见面谈事，就随意打开自己的电脑，用谷歌的网页搜索输入了他所要前往的咖啡店。他发现第一项整合搜索的内容就是地图搜索，所有北京此类咖啡店的位置，地图、店面、地址和咖啡店的电话都一目了然。

当天晚上，李开复用心地给自己的地图搜索团队写了一封邮件，在邮件中，他以自己的经历作为例子说明地图搜索真的取得了进步，他表示理解员工实现这个解决方案的困难，并对地图搜索的团队表示感谢。

后来，在全公司评选的最差产品中，地图搜索不再榜上有名，并且成为了谷歌中国2009年的重要目标之一。

对于时常起伏的员工士气，李开复也希望能够用自己的主动沟通去感染员工。每周五的谷歌员工大会只要李开复在北京，他一定参加。他相信这种面对面的沟通能够让员工获得面对挑战的勇气。3年来，李开复和谷歌中国都面临过很多次谣言、危机，但是无论自己的心境如何起伏，李开复都尽量让自己保持着乐观与坚强，他每天精神抖擞走出家门，把所有的心事都自己扛。

李开复说，他最快乐的事情，就是看到员工们心事重重地坐在台下，听完他的沟通后士气高涨地离开。“如果这样，即使自己在煎熬，也会从这样的回馈中获得勇气！”

职场点睛

其实好的员工都敢于说不，好的老板也喜欢这样的管理者。另外好的企业总有一批这样敢于说“不”的员工，在遇到企业前进发展等问题时，提出自己的见解和意见。

衡量一个企业是否优秀的标准，就是看其是否有一批敢于说“不”的管理者。职场生活中，拒绝时除了可以提出替代建议，隔一段时间还要主动关心对方情况。有时候拒绝是一个漫长的过程，对方会不定时提出同样的要求。若能化被动为主动地关怀对方，并让对方了解自己的苦衷与立场，可以减少拒绝的尴尬与影响。

诚信的员工一定更值得信赖

一个人的人品如何直接决定了这个人对于社会的价值。而在与人品相关的各种因素之中，诚信又是最为重要的一点。

——李开复

李开复曾说，微软公司在用人时非常强调诚信，我们只雇佣那些最值得信赖的人。当微软列出对员工期望的“核心价值观”时，诚信（honesty and integrity）被列为一位。曾经有一位同学问李开复：“为什么一个公司要重视员工的道德呢？”李开复回答说：“这是为了公司自己的利益。例如，一位应聘者在面试时曾对我说，如果他能加入微软公司，他就可以把他在前一家公司所做的发明成果带过来。对这样的人，无论他的技术水平如何，我都不会雇用他。他既然可以在加入微软时损害先前公司的利益，那他也一定会在离开微软后损害微软公司的利益。”

还有人问李开复，为什么他会认为诚信比智慧更重要。对此李开复这样说：“难道我们会去衡量员工的诚信和他们的智慧而给诚信更高的比重？其实，我们的衡量都在直接的工作目标上，并不会对诚信或智慧直接衡量。但是，作为第一‘核心价值’，诚信是我们对员工最基本的要求。我们根本不会去雇用没有诚信的人。如果一个员工发生了严重的诚信问题，他会被立刻解雇。”

当一个公司这么重视诚信，员工一定更值得信赖。因此，公司对员工也能够完全信任，让他们发挥自己的才能。在微软公司，公司的各级管理者都会给员工较大的自由和空间发展他们的事业，并在工作和生活上充分信任、支持和帮助员工。只要是微软录用的人，微软就会百分之百地信任他。和一些软件企业对员工处处提防的做法不同，微软公司内的员工可以看到许多源代码，接触到很多技术或商业方面的机密。正因为如此得到公司的信任，微软的员工对公司才有更强的责任心和更高的工作热情。

李开复在给大学生的信中，这样谈诚信：

我在苹果公司工作时，曾有一位刚被我提拔的经理，由于受到下属的批评，非常沮丧地要我再找一个人来接替他。我问他："你认为你的长处是什么？"他说，"我自信自己是一个非常正直的人。"我告诉他："当初我提拔你做经理，就是因为你是一个公正无私的人。管理经验和沟通能力是可以在日后工作中学习的，但一颗正直的心是无价的。"我支持他继续干下去，并在管理和沟通技巧方面给予他很多指点和帮助。最终，他不负众望，成为一个出色的管理人才。现在，他已经是一个颇为成功的公司的首席技术官。

与之相反，我曾面试过一位求职者。他在技术、管理方面都相当的出色。但是，在谈论之余，他表示，如果我录取他，他甚至可以把在原来公司工作时的一项发明带过来。随后他似乎觉察到这样说有些不妥，特作声明：那些工作是他在下班之后做的，他的老板并不知道。这一番谈话之后，对于我而言，不论他的能力和工作水平怎样，我都肯定不会录用他。原因是他缺乏最基本的处世准则和最起码的职业道德——"诚实"和"讲信用"。如果雇用这样的人，谁能保证他不会在这里工作一段时间后，把在这里的成果也当作所谓"业余之作"而变成向其他公司讨好的"贡品"呢？

李开复讲的故事值得我们反思。多年来，美国部分教授对部分中国学生产生诚信危机，他们不相信中国学生的推荐信。因为知道这些推荐信出自学生自己之手，已无参考性可言。相反，美国教育中的诚信培养渗透生活诸细节。

李开复 11 岁到美国时，由于英文不行，每逢考试，校长都会把考题直接交给李开复，并对他说：“目前你还应付不了考试，回家做吧，我相信你不会看课本的。”这在李开复的生命中绝对是活生生的诚信教育。

李开复经常给中国的青年学生写信，并坚持每信必回。他写给国内青年学生第一封信，没几天就收到 400 多封回信。李开复信守了他的诺言，一一给他们写了回信。这一事件证明他诚信不是虚假的，是实实在在的。正因为如此，在李开复离开谷歌选择创业的时候，才会有那么多的商人站出来支持他，除了人们相信李开复的能力之外，更重要的是因为他们相信李开复的为人。

职场犹如战场。身在职场中的每个人，应该把诚信作为一种职场生存方式。在当今这样一个竞争激烈的年代，谋求个人利益，实现自我价值是天经地义的事。但是，遗憾的是很多人没有意识到个性解放、自我实现与忠诚和敬业并不是对立的，而是相辅相成、缺一不可的。

职场人更多的是议论一些企业或管理层的诚信问题，而把自己放在弱势的一边，把相当多的责任与原因推给企业或管理层。当然，不可否认现在有相当一部分企业确实存在这样或那样的不诚信问题，但是有几个职场中人，会首先想到自己——“我诚信吗？我能赢得诚信吗？”试想，如果你自己没有打造好个人的职场诚信，又怎能期望得到企业对你的诚信？

职场点睛

诚实员工是企业的一笔不可或缺的财富，同样，诚实的企业是员工和整个社会的标榜，诚实的力量是一种敞开的力量，也是一个企业发展和展现人性化所应具有的气质和胸怀。

有的人认为，诚信，就是要讲信用，只要我讲信用，我就诚信了。是的，这种认识无可厚非，但你认为的信用到底是什么？作为员工，其信用不仅仅是对同事之间的言而有信，还包括对其职责范围的工作认真负责，尽力做好。

适当的时候学会轻轻放下

我们在做出抉择后，应当坦然面对可能发生的任何结果，既不要因为抉择正确而欣喜若狂，也不要因为抉择失误而悔恨终生。

——李开复

有一对兄弟在森林中发现了宝藏，他们先看见的是满地的铜币，两个人一边捡一边向前走。这时又发现了就在前方有无数的银币，哥哥赶快跑过去继续捡银币，弟弟则把身上的铜币全部扔掉，而后再捡银币。又走了一会儿，竟然发现就在不远处，闪闪发光不知是何物，兄弟两人走近一看，简直不敢相信，这里全是金币。哥哥继续向已经快满了的袋子里装金币，弟弟二话不说，就把口袋中的银币全部扔掉，而后装满了一袋金币。兄弟俩走出森林后，把捡到的财宝全部卖掉，哥哥身上的财宝卖了 50 万，弟弟身上的财宝则卖了 500 万。

这个故事告诉我们，在适当的时候要学会放下，有舍才有得。

李开复在谈到这个问题的时候，曾经这样解释过，有的人因为对自己缺乏信心，每次刚做出决定，就立即紧张起来，不知道自己的选择会导致怎样的结果；有的人非常喜欢吃“后悔药”，他们事先不通盘考虑，事后却追悔莫及；还有的人过于敏感，本来自己做出的是客观、公正的抉择，但事后听到别人的议论就摇摆不定起来。

其实，无论你的抉择正确与否，无论它的结果如何，已经做出的决定就无法收回了，你只有坦然接受它，或者在今后想办法补救。对于已经发生的事情，或者自己已经无法控制的事情，任何担忧或悔恨都是多余的。与其把时间花在无谓的焦虑上，倒不如把这些东西“轻轻”放下，然后一身轻松地去做自己应该做的事。

李开复讲过这样一个经历。

在微软公司的某个部门里，有一位霸道的经理 J，他刚加入公司就拿下属开刀，总是找些莫须有的罪名遣散一些能干的职员，以便把队伍换成“自己人”。当时，J 部门里那些可怜的下属常常来向李开复求救。有一位名叫S的下属在收到J的处分后向李开复表明，他可以用证据证明自己没有做错任何事。于是，李开复帮S上诉到J的老板那里，在铁证之下，S得到了一个新的工作。

但另一个下属D的境遇就完全不同了，他的处境非常艰难，因为J这次在D的计算机里埋下了伪证，然后以受贿为理由解雇了他。李开复曾多次与D沟通，相信他是被冤枉的。但在证据之下，李开复无法为他伸冤。尤其是，当时李开复刚加入微软公司不久，还没有足够的职权和信誉来干涉别的部门的事情。经过“重重”分析，李开复最终决定：不向任何人提起D的事情，只是看着他一身委屈地离开公司。

事后，有朋友问李开复：“你难道不会因为自己无法给S和D争取同样的待遇而懊恼吗？”对此李开复这样回答：“虽然我对无法挽救D感到万分遗憾，但我必须看清楚，什么事是我无能为力的。而且，既然已经决定不能帮助他，我就只有‘轻轻’地放下这件事，多想无益。我应该把精力放在我的工作中，这样，也许有一天，我就可以有足够的职权和信誉来帮助其他人。”

的确，做出取舍、学会选择与放下，这是人类一种天赋的能力，不需要什么特殊资质；它不分贫富、贵贱，不分出身，是每个人与生俱来的重要能力之一。“鱼与熊掌不可兼得。”当我们遭受毒蛇的袭击时，是当机立断地选择放弃被咬的手指呢？还是犹豫不决，等毒性散发全身呢？如果你选择了前者，你失去的只是一个手指，假如你犹豫不决，待毒性散发全身，那么你失去的可能是一切。

在现今社会，人才济济，在职场上不免要面对竞争与角逐。但同时心理压力也越来越大。所以在职场的竞争，不仅仅是能力之战，同样也是心理之战。一些人有能力、有才华，但是却不能在职场上得到更大的发挥，也有一些人遇到挫折就失望丧气。这些都是心理困惑所致，他们都不懂得放弃。

上天给予我们的机会很多，不懂得放下的人，往往会失去最宝贵的东西。职场上面对的压力太多，不要让职场的压力影响到你的生活，也不要让生活的繁琐影响了你在职场上的表现。有很多人背负着沉重的包袱去与周围的人竞争，即便是这包袱压得他们喘不过气来，也不舍得将它放下，结果让自己身心疲惫。

学会放下是一种智慧，是一种本领。只有学会放下，才能给自己充足的时间和空间，进而提升自己；只有学会放下，才能提高工作的效率；只有学会放下，才会使自己对工作更加富有热情。放下不必要的，才会有更多更好的选择，不要让沉重的包袱压着你，让你看不到前方的路。

在职场上难免会遇到一些问题，像是被领导冷落，自己的才能发挥不出来，导致“英雄无用武之地”；或是单位存在太强的竞争对手，使自己的才能无法显现。所以与其耗费时间和精力，不如放下，抽身适时离去，到一个重视人才的地方工作，使自己的才能得到充分的肯定，或到与自己能力相当的地方，与人共同努力。其实很多压力都是自己强加给自己的，所以，一定要学会在适当的时候，轻轻地放下。

职场点睛

要想拥有的更多，就要先学会放弃。只有放弃不必要的，才能将手空出来，去拿更重要的东西。在职场上也是，不能盲目地坚持，要放弃不属于自己的，去追求更适合自己的。

职场竞争是“硬件”的竞争，但更是“软件”的竞争。不要只注重自己的“硬件”而忽视了“软件”，要知道人心理状态的好坏是很重要的。要保持良好的心理素质，放下包袱，让自己适当放松一下。

说出的话就要做得到

那些身边的所谓“小事”，往往成为一个人塑造人格和积累诚信的关键。一些贪小便宜、耍小聪明的行为只会把自己定性为一个贪图小利、没有出息的人的形象，最终因小失大。

——李开复

大学二年级时，李开复开始在计算机中心打工，并且用业余时间为一些公司设计需要的程序。当时，法学院有一套非常老的学生选课系统，是用 Cobol 语言编写的。法学院院长想把这个软件从昂贵的 IBM 主机移植到价格低廉的 DEC VAX 计算机上，但是，院长找到的每一个承包商都报出了昂贵的价格。

后来，院长听说李开复是编程高手，就来找他，问道：“你能不能帮学院做这个工作？我可以给你每个小时 7 美元的工钱。”李开复开心得不得了，因为这对于当时的他真的是“天价”了。李开复特别有信心地回复说：“我肯定能把这个工作做好，不会影响秋季开学的使用。”院长听了非常高兴，问他什么时候能有初步的结果。李开复告诉他，大概 8 月初就可以让整个程序跑起来，到了 9 月开学前可以调整一段时间。

按理说，接下工程之后，李开复就应该尽快着手，把工作日程安排妥当。可是，他觉得这个工作是小菜一碟，对于他这个“久经沙场”的程序高手来说易如反掌，根本不用提前开工。所以，他没把工作当回事，而是约着朋友狂打桥牌。到了 7 月底，他才如梦初醒般想到院长的交代和自己的承诺，于是，他开始马不停蹄为法学院的软件忙活起来。

谁知道，这个工作的繁琐程度超出了李开复的想象。原本，他觉得自己的脑袋就像最神奇的程序一样灵光，不管遇到什么困难都能轻松搞定。可是，选课系统的项目一开始，他才知道自己疏忽了。尽管他没日没夜地写，临近期限，他还是完不成任务。李开复只好跑到院长面前说:“这个工作比我想象得复杂,整个程序要 8 月底才能跑起来。不过,应该不会影响到 9 月开学的时候。”

李开复的辩解并没有起到作用,院长非常生气,对他说:“既然你不能按期交工,我看你就不用接着做下去了。”院长决定还是把这个工程交给承包商去做。很显然,李开复没有如约履行承诺使他失去了院长的信任。

李开复自责了一个晚上,第二天就去找院长道歉,用尽所有能够想到的语言希望挽回院长对他的信心,他甚至提出把已经到手的工资退回去。后来,院长语重心长地对他说:“希望你从这件事中更好地理解大多数企业对我们毕业生所抱有的诚信和负责的期望。”若干年后,李开复走上管理岗位,他严格要求自己,把“言行如一、言出必践”的原则奉为日常行为规范,从不敢有半刻懈怠。

关于说到做到以及在职场中的诚信,有人打了一个比方——信用卡。不同的员工对公司的不同的贡献,决定了员工的个人职业信用卡,信用的好坏和额度大小的不同,每个岗位的员工没有及时顺利独立完成本职工作,而让上一级岗位的主管去替你完成,就是透支个人信用;工作中造成公司费用多支出和浪费公司资源,就是过失性逾期欠款;公司有明确规定要求或上级主管有明确指示而没有严格执行或拒不执行,就是违规和恶意透支。

员工表现突出被提拔，就是信用优秀，普通卡升格为银卡、金卡；员工优秀被人挖走，就是另外一家银行又给了一张金卡；员工不称职被终止合同，就是信用太差信用卡被取消；员工离开公司时做一些不职业的小动作，就是恶意透支最后一笔；员工离开公司时遵守公认的职业道德，就是有了新卡，不丢旧卡；老员工重回公司，就是重新启用原来的信用卡。

一个员工只有有了一张记录良好的个人职业信用卡，才能做到万事达。

职场点睛

在职场中，如果，你失去了信誉，那你就失去了一些成功的机会，因为谁也不愿意与一个不讲信用的人共事。对不讲信用的员工，老板也许因为一时之需要重用你，一旦失去了利用价值，纵然你才华横溢，也会逐你出门。

不能信守承诺的人始终是一颗随时都会引爆的炸弹，再傻的老板也不会长期把他放在身边。

要想自己能有所成就，首先要把握好这一条品质，平时要信守诺言。

胸襟宽广让你更坦荡、更完整

胸怀可以让人目光高远，不再拘泥于细枝末节；胸怀可以让人成为一个更加完整的、更加健全的人，也可以让人接受那些无法改变的事情。

——李开复

在接受搜狐 IT 采访时李开复曾表示：“我很佩服比尔·盖茨先生的胸怀和慈善心。”李开复说，“人的价值不在于他拥有多少，而在于他留下多少。”

微软公司有一位程序员叫埃勒，他发现公司的 Basic 软件中的着色功能有漏洞，于是他花了好几天时间将其改好，随后，他非常得意地去找比尔·盖茨了。

他说：“比尔，你看看这个，我发现了一处设计错误。”

比尔问：“哪里错了？”

“你看，居然错在这里，不知哪个没脑子的混蛋写了这段程序。”

比尔又问：“你能证明现在它没有问题吗？”

“是的，我可以证明。”

“很好，你做得不错。”比尔由衷地赞叹道。

后来，埃勒才得知那个写错程序的“没脑子的混蛋”居然是比尔·盖茨先生。正因盖茨是一个“没有脑子的混蛋”，微软才能广开言路，从善如流，群雄毕至，事业如日中天。

现代职场中的关系普遍都是一种竞争与合作的关系，只有我们胸怀大度，主动学会为别人找台阶，才能赢得大家的信任和支持，开辟自己人生和事业上的一种新局面。

李开复曾说过这样一段话：对别人要抱着诚挚、宽容的胸襟，对自己要怀着自我批评、有过必改的态度。与人交往时，你怎样对待别人，别人也会怎样对待你。这就好比照镜子一样，你自己的表情和态度，可以从他人对你流露出的表情和态度中一览无遗。你若以诚待人，别人也会以诚待你；你若敌视别人，别人也会敌视你。最真挚的友情和最难解的仇恨都是由这种“反射”原理逐步造成的。因此，当你想修正别人时，你应该先修正自己。你想别人怎么对你，你就应该怎么对人。你想他人理解你，你就要首先理解他人。

法国著名作家雨果说过：世界上最宽阔的是大海，比大海更宽阔的是天空，比天空更宽阔的是人的胸怀。海纳百川、有容乃大、心胸豁达、胸怀坦荡、雍容大度以及“宰相肚里能撑船”，都是对宽广胸怀的生动描述，纵观古今中外，凡是做成大事的必有过人的心胸。

有胸怀的人通常会在务实、宽恕、自律、尊重、涵养等5个方面表现出超乎寻常的能力和品质。务实：能够接受那些自己无法改变的人和事，而不会怨天尤人。宽恕：善于发现他人的优点，同时也有度量容忍他人的缺点。自律：能够随时控制自己的情绪，不会让自己的失态影响到别人。尊重：能够接受、支持或包容他人的不同意见。涵养：不过分计较成败得失，不会因为一时一地的利益或一人一事的欲求而自乱方寸。

一个人的胸怀并不是一朝一夕就可以塑造出来的，除了有意培养和训练以外，最重要的是要拥有一颗真诚的心。真诚可以让你用善意和理性的眼光看待这个世界上的人和事，可以让你抛开一切阻碍自己和他人沟通的私心杂念。

职场点睛

做个胸怀坦荡的人，不怕路上会有失败和困难，因为坦坦荡荡的心会带给你无忧的精神状态，会带给我们无穷的信心。坦荡的胸怀有助于我们在事业的道路上缩小困难，使我们坚持一种积极向上的蓬勃工作状态。

只要有了真诚，你就能够真正理解务实、宽恕、自律、尊重和涵养在为人处事中的重要，就能够在成功的道路上不断前行。

用平和冷静的心态作决定

什么事情都有成功的可能，也有失败的可能。作选择的时候要保持客观冷静的态度，充分分析利弊然后决定。

——李开复

日常生活中，常常听到一些职场受挫的人发出这样的叹息：“假如我当初能够冷静点儿，头脑没那么发热，做事时不那么意气用事，不在沮丧时选择放弃，恐怕我现在也已经很有成就了吧！我的生活也要比现在幸福得多吧！”

时至今日，不论在何种领域，做什么事情，最忌讳的就是操之过急、头脑发热。李开复这样一个“激情万丈”的人，是不是也吃过这样的亏呢？恰恰相反，李开复的高明之处就在于，理性和感性共生，激情中不忘冷静。

想在事业上有所建树，你需要热情十足，更需要在热情的同时拥有一个冷静的头脑。特别是在面对风险、危机、是非、未知，而需要选择、取舍时，作为当事人，你必须时刻保持冷静的头脑。决策成功则百事兴旺，决策失误则后患无穷，因此一定不要头脑发热。

李开复当年离开苹果的时候，苹果要比 SGI 强上千倍、万倍，但是李开复为什么会选择跳槽呢？这让人们百思不得其解。

但是有一点是肯定的，李开复不会胡来，他的头脑是冷静的，他并不是因为一时的冲动才做出如此的选择，而是经过深思熟虑的。

许多人之所以至今壮志未酬，过着悔恨悲愁的人生，就是因为他们在关键时刻大脑发热，没能冷静地思考形势。李开复则不同，不管前途怎样黑暗，心头怎样沉重，他都会等到忧郁、沮丧的心情消散，头脑冷静下来以后，再来决定经营方针或下一步的行动方案。

李开复说，在商界混就要去冒险，敢于冒险是成功人士应具备的胆识，但是，冒险不等于头脑发热，逞一时之威风，它还需要有稳健的一面，用冷静的头脑去分析一下这个险值得不值得冒。冒险不等于盲目投资、头脑发热，只有冒险和稳健共存，才能成功。

当然，我们都知道，一个人既要有激情又要保持冷静的头脑是很不易的，因为所处的环境和面对的人和事都是相当复杂的。因此，这就要求你能在错综复杂中理清头绪，透过现象看到本质，从而保证判断准确、决策正确。你必须具有远见卓识和敏锐的洞察力，能够看清市场迷雾背后的真实动向。你还要对行业、市场等，都有细致的了解和深入的观察，不被假象所迷惑、不被世俗所左右、不被人情所困扰，不会轻易受舆论左右、受潮流影响，从而抓住时机、减少失误、提高效率、确保成功。

职场点睛

遇事容易情绪化的人，在工作中遇到任何事情和问题都不要先着急，要冷静思考，让自己安静下来后，再作决定。同时，一定要学会制怒，有些事情一旦爆发，事后是无法弥补的。除此之外，在工作中也不要苛求什么，学会缓解和释放压力，调整好心态，心平气和地做人做事。

第五章

抛弃平庸，“秀”出你的闪光点

“自觉”抛弃平庸

也许，我在潜意识里就无法忍受平庸，对我来说，让世界“make a difference”，是最让我心驰神往的境界。那一刻，我知道，我的内心已经做出了决定，我要迁来硅谷，我要加入苹果。

——李开复

中国有句古语：读万卷书，行万里路。这句话的意思很简单，就是提醒人们不要总是闷头读书，也需要到真实的世界中走一走，把书本理论跟实践结合起来。读完了博士又当上了教授的李开复实现了“读万卷书”，却没有意识到自己走的“路”太少了。他优哉游哉地享受着教书做学问的快乐，并没有觉得有什么不好。而且，依照卡内基大学的制度，只要他干满几年副教授，就可以得到终身教授的职位，这就意味着他一辈子不用担心“失业”。

然而，逍遥的日子没多久，李开复就发现了这种生活的弊病。他虽然是教授，却经常被一些“非学术”的事情困扰，比如，为了帮学校拉经费，他既要找华盛顿议员的助理去“搓饭”，又要千方百计讨“国防部经费专员”的欢心。学校里拉拉杂杂的事也多，一个“改进校园绿化”的讨论会，他都必须参加。最关键的一点是：他发表的众多学术论文总是躺在那里等着变成一堆废纸，自己的学术成功不能直接在世界上产生影响力，这实在是太没劲儿了。想到这些，李开复忽然有了一种冲动，他觉得自己不该继续沉浸在这“万卷书”的象牙塔里了，必须出去“行万里路”，让自己的“学术”变成真实世界里的应用成果。

正在李开复心里“长草”的时候，苹果公司把一颗希望的种子种到了他的心里。一天，李开复忽然接到一个电话，那边的人说：“开复，我知道你。苹果公司的两位副总裁对你很感兴趣，他们觉得像你这样的人应该跑出来做真正的产品，你有兴趣过来谈一谈吗？”

李开复心中的激动简直无法用笔墨形容，他隐隐感到，“冲出围城”的日子，大概就要到了。那是1990年，彼时的苹果还是计算机行业里无法撼动的老大，微软和IBM都只能仰视它。并且，苹果是公认的最酷的公司，它几乎是一个“宗教”。苹果会为了做出“艺术品”不惜代价。比如为了让苹果的机器更美，苹果产品所有的接缝都必须在眼睛看不见的地方，例如背后，或是角落。为了这个，每一台苹果的机器要多花65美元。爱苹果的用户极端忠诚、狂热，每一次“苹果世界大会”，都有“粉丝”围着苹果的英雄工程师卖力叫喊。

“要是去苹果工作，那该有多酷啊！”李开复的心里响起了这样的声音。

应苹果公司的邀请，李开复去了地处加州硅谷的苹果公司面谈。他见到了两位声名显赫的副总裁。休·马丁比李开复大13岁，目光锐利，喜欢盯着人看，言语里闪烁的全是“科技的火花”，一见面就兴致盎然地谈论着苹果 Mac 的前景。戴夫·耐格尔则是一个平易近人的长者，花白胡子，笑起来就像个圣诞老人。他们看中了李开复在语音识别方面的研究，这与他们正在研发的 Mac III 中的一部分相吻合，所以，他们希望李开复能到苹果工作。

戴夫对李开复说：“开复，你看，施乐最早发明了图形用户界面，但是没有成功推出来，而苹果最后造就了图形用户界面，现在为很多人使用。苹果的发明正在影响着许多人。”戴夫不紧不慢地说，“我们现在做 Mac III，很想把语音的部分融进来。开复，不要怪我这句话有翻版乔布斯那句名言的嫌疑，但是，你是想一辈子写一堆像废纸一样的学术论文呢，还是要来真正地改变世界？”

这最后一句话，直接“击中”了李开复的心。他终日在校园里惆怅的是什么？就是学术论文变成废纸得不到实际应用啊！对于渴望冲出象牙塔出去看看的李开复来说，戴夫的这个邀请无异于送给他一辆外出旅行的顺风车！

李开复还观察到，苹果公司研发部门的气氛轻松融洽，到处是可爱的年轻人，他们乐观、自信，脸上总挂着微笑，就像他们掌握着整个世界。这种激情四射、活力无限的生活正是李开复向往的，他不是一个愣头愣脑放着教授工作不干的傻小子，他想走出象牙塔是有充分理由的，他就是想跟这些年轻人一样，把自已的智慧结晶投放到产品中去，让全世界的人都分享他的智慧成果，而不是让一叠叠论文在研究所里蒙尘。

主意打定，李开复的心已经归附于苹果，接下来要做的就是向大学里的恩师瑞迪教授请辞。见老师之前，李开复的心情复杂而忐忑，他知道自己即将说出的话很可能伤害老师的心，可是，他太想迈出这一步了。

“老师，对不起，我知道你可能会有点意外，不过我已经为此想了很久。最近苹果的人来找我，希望我去那里工作。我觉得那是一个非常酷的公司，我看了那里的技术，很棒。因此，我，”我顿了顿，接着说，“我想去。”

“噢？”瑞迪教授深深吸了一口气。沉默了几秒钟，他的眼神从黯淡回复了明亮，“你真的想好了吗？”他问。

“是的，老师。”

“我觉得很好，并不是每个人都要一直留在研究领域，包括我在内。如果你觉得去苹果工作更能发挥你的价值，那么，你就去吧。好好干！”

就这样，李开复带着恩师的鼓励和祝福，带着自己多年以来研究的学术成功，带着对未来的期待，走上了与以往生活完全不同的道路。他不再是学术精英，而是向技术精英转变。李开复的那些艰深难懂、晦涩枯燥的论文，即将变成一款款新机器、一项项新功能，走向公众的生活。若干年后，李开复经历了挫折，经历了惨败，他怀念过校园里惬意安然的幸福时光，但是，他不后悔自己当初的决定，因为他坚信自己做出的选择是理智的，是正确的。

职场点睛

《士兵突击》中，许三多说“好好活就是做很多很多有意义的事”。想要知道自己活得有无意义，就幻想着两个世界吧，一个世界有你，一个世界没有你，让这两个世界产生最大的不同，就是你一生的意义。人活着，就是让生命更有意义，无数这样的人聚集起来，世界就发生了变革。

积极主动让你鹤立鸡群

只有积极主动的人才能在瞬息万变的竞争环境中赢得成功，只有善于展示自己的人才能在工作中获得真正的机会。

——李开复

积极主动这个词最早是由著名心理学家维克托·弗兰克推介给大众的。弗兰克本人就是一个积极主动、永不向困难低头的典型。

弗兰克原本是一位受弗洛伊德心理学派影响颇深的决定论心理学家，但是，他在纳粹集中营里经历了一段凄惨的岁月后，开创出了独具一格的心理学流派。

弗兰克的父母、妻子、兄弟都死于纳粹魔掌，而他本人则在纳粹集中营里受到严刑拷打。有一天，他赤身独处于囚室之中，突然意识到了一种全新的感受——也许，正是集中营里的恶劣环境让他猛然警醒：“在任何极端的环境里，人们总会拥有一种最后的自由，那就是选择自己的态度的自由。”

弗兰克的意思是说，在一个人极端痛苦无助的时候，他依然可以自行决定他的人生态度。在最为艰苦的岁月里，弗兰克选择了积极向上的态度。他没有悲观绝望，反而在脑海中设想，自己获释以后该如何站在讲台上，把这一段痛苦的经历介绍给自己的学生。凭着这种积极、乐观的思维方式，他在狱中不断磨炼自己的意志，直到自己的心灵超越了牢笼的禁锢，在自由的天地里任意驰骋。

弗兰克在狱中发现的思维准则，正是我们每一个追求成功的人所必须具有的人生态度——积极主动。

以上是李开复在给大学生的第三封信中讲到的关于积极主动的故事。他认为要想在现代化的企业中获得成功，就必须努力培养自己的主动意识：在工作中要勇于承担责任，主动为自己设定工作目标，并不断改进方式和方法；此外，还应当培养推销自己的能力，在领导或同事面前要善于表现自己的优点。

李开复还建议大学生以如下 7 个步骤塑造积极主动的心态：

要达到积极主动的境界，大家应按照这样 7 个步骤，循序渐进地调整自己的心态，培养自己的习惯，学习把握机遇、创造机遇的方法，并在积极展示自我的过程中收获成功和快乐。

步骤一：拥有积极的态度，乐观面对人生

心理学家早已发现：一个人被击败，不是因为外界环境的阻碍，而是取决于他对环境如何反应。埋怨不会改变现实，但是积极的心态和行动可能改变一切。

步骤二：远离被动的习惯，从小事做起

消极被动的习惯是积极主动的最大障碍，如果你从小就在消极、被动的环境下长大，你就更应该努力剔除自身所拥有的那些消极因素。

步骤三：对自己负责，把握自己的命运

每一个人都有选择，都有机会，但是，先天和环境因素造成每个人的机会多少不同。所以，这个世界不是完全公平的。但如果你因为世界不公平而放弃了自己的机会和选择，那就是你自己的责任，就不能怪世界不公平了。

步骤四：积极尝试，邂逅机遇

积极尝试是学习最好的方法。在一个先进的公司，你不需要担心失败。在一项美国公司首席执行官的调查中发现，他们最欣赏的就是那些主动要求做某项新工作的员工。无论是否能做好，至少这些员工比那些只会被动接受工作的员工要令人欣赏，因为他们有勇气、积极上进，而且会从中学习。

步骤五：充分准备，把握机遇

如果被苦难或挫折阻挡，我们应该学习把挫折转换成动力，而不要一遇到困境就躲在阴暗的角落里怨天尤人，更不要在需要立即行动的时候犹豫不决。人生不能用这种消极的方式渡过。我们终有一天要面对自己，对自己的生命负责。因此，我们必须在平时作好充分准备，掌握足够的信息，以便在必要时做出最好的抉择，把握住稍纵即逝的机遇。

步骤六：积极争取，创造机遇

当机遇尚未出现时，除了时刻准备之外，我们也应该主动为自己创造机遇。

步骤七：积极地推销自己

在全球化和信息化的时代里，那些能够积极推销自我的人更容易脱颖而出。要想把握住转瞬即逝的机会，就必须学会说服他人，向别人推销自己、展示自己的观点。

在现代职场里，有两种人永远无法取得成功：一种人是只做老板交待的事情，另一种人是做不好老板交待的事情。

某公司的一位员工虽然已经工作了近 10 年，但他总是抱着“我只是被雇来的，做多做少一个样”的消极心态来工作，工作上也从来没有什么出色的业绩，因此，10 年来他的薪水从不见涨。

有一天，他终于忍不住向老板诉苦。老板对他说：“你虽然在公司待了近 10 年，但你的工作经验却和只工作了 1 年的员工差不多，能力也只是新手的水平。”这名员工在他最宝贵的 10 年青春中，除了仅仅得到 10 年的薪水外，其他却一无所获，这真是一件遗憾的事。由此看出，有一个积极的心态对于我们的工作甚至职业前景是多么重要。

一个以薪水为个人奋斗目标的人是无法走出平庸的生活模式的，也从来不会有真正的成就感。虽然工资应该作为工作目的之一，但是从工作中能真正获得的远远多于装在信封中的钞票。如果你忠于自我的话，就会发现金钱只不过是许多报酬中的一种。

职场点睛

在现代职场，过去那种听命行事的工作作风已不再受到重视，懂得积极主动工作的员工将备受青睐。主动去做老板没有交待的事情，并把这些事做好，你就能提升自己在老板心目中的位置，就会被调到更高的职位，获得更大的成功。

主动向老板自我推销

人生的旅途十分短暂，你应该珍惜自己所拥有的选择和决策的权利，虽然可以参考别人的意见，但千万不要随波逐流。

——李开复

李开复曾说在全球化和信息化的时代里，那些能够积极推销自我的人更容易脱颖而出。在给大学生的信中，关于积极自我推销，李开复有这样一段文字：

要想把握住转瞬即逝的机会，就必须学会说服他人，向别人推销自己、展示自己的观点。一般说来，一个好的自我推销策略可以让自己的人生和事业锦上添花。好的自我推销者会主动寻找每一个机会，让老板或老师知道自己的业绩、能力和功劳。当然，在展示自己时，不要贬低别人，更不可以忘记团队精神。

当我被微软总部调回美国，在美国启动总部把工作外包给中国合作伙伴时，我一直在考虑如何把这项极为重要但又缺乏资源的项目做好。这时，我很意外地收到了一封毛遂自荐的信。这封信来自一位在微软技术支持中心工作的经理。她在信中说：“虽然我没有这方面的经验，但是我曾在多个部门工作，而且学习很快。我愿意用我自己的时间帮你把这件事情做好。我不需要酬劳，我也不是申请工作，我只是希望为中国做点事情。你选择我没有风险，因为我至少可以把每个细节都帮你想清楚，这样可以节约你的时间。”

如果不是这封信和后来的交谈，我怎么也不会想到，把这个工作交给一位业余而又没有相关经验的人来做。事实证明，我的选择是对的。她没有辜负我的期望，把这件事情做得非常好。因为她起头的工作，微软后来3年中提供给中国的外包业务量增加了3倍。几个月后，当我们终于成立了一个部门来负责这件事情时，她毫无怨言地把所有的工作交给了这个新部门。

后来，微软亚洲研究院有一个很好的工作机会，沈向洋院长要我推荐人选，我想到了这位多才多艺的志愿者。她就是今天微软亚洲研究院高校合作部总监宋罗兰。有些人可能会认为：“要求我们展示自己，这是不是要我从一个内向的人彻底转变为外向的人？”其实，一个内向的人很难彻底地改变自己的性格。所以，我建议大家可以在自身性格允许的范围内往“外向”靠拢，尽量寻找一些“比较外向但又不给自己带来太大压力”的机会。

自我吹嘘似乎是最不雅观的、最坏的一种罪过。“从小，我们就被自己的家人、老师告知，没有人会喜欢那些整天吹牛的人。”加州管理培训师、《智卖智夸（Brag）》一书的作者佩姬·克劳斯（Peggy Klaus）说，“但实际上如何很好地进行自我推销绝对是一门艺术。所谓的‘智卖智夸’绝对不只是简简单单的几个字。”

美国的印象心理学家做过这样的实验。某所大学来了一位新教师，给大学生上社会心理学的课程。在上课之前，为了给学生留下良好的“第一印象”，学校事先将有关教师的简历打印成文，发给学生。

介绍新教师简历的短文分成 A、B 两种类型，参加听课的所有学生也分成两部分。一部分学生发给 A 类的“教师简历”，另一部分发给 B 类的“教师简历”。在上完课后，对这两部分学生分别进行心理调查，听取他们对教师的评价和印象。

两份简历如下：

A 文：弗兰格老师，马萨诸塞州立大学毕业，他在这所大学里教过 3 年心理学课程，36 岁，经验丰富，已经结婚。了解他的人都说他是个热情、待人温和、勤勉、富于判断力及充满智慧的人。

B 文：弗兰格老师，马萨诸塞州立大学毕业，他在这所大学里教过 3 年心理学课程，36 岁，经验丰富，已经结婚。了解他的人都说他是个冷淡、为人严厉、勤勉、富于判断力及充满智慧的人。

A 文和 B 文的内容不同之处仅在于“热情、待人温和”和“冷淡、为人严厉”的不同。结果学年的评价却大不相同。拿 A 文的学生评价新教师是一个思维深刻、善于社交、具有亲切感和幽默感、容易相处的教师。而拿 B 文的学生却评价新教师是一个冷淡、不易相处、缺乏魅力感的教师。

仅仅是一个词、一句话不同，造成的“第一印象”却截然不同。这“第一印象”的不同，竟然影响到以后的课外教学讨论会的出席率。拿 A 文的学生参加课外讨论会的出席率是 56%，而拿 B 文的学生出席率只有 32%。

由此可见，自我推销的过程中，特别要注意心理学上的“第一印象”。

自我推销时应注意哪些方面，以下是几点不错的建议。

- 穿着得体举止有礼，谈吐自信有朝气

在衣着上，曾经担任过 5 年空姐，目前于文教机构担任讲师的张琬玉说，最好能与应征产业的特性搭配，男性穿西装打领带，女性穿两件套装、肤色丝袜、高跟鞋，是职场上最不会失礼的打扮。

饱满、有元气的声音语调，更有加分效果。尤其在应征业务、客户服务方面的职务时，特别会对言谈清晰度有所要求。

- 展现对应征公司的高度热忱

许多人力资源主管，对于这点都非常重视。亚力山大集团人力资源部经理许燕阁记得，曾经有一位求职者，特别把公司网站的资料列印下来，并且将不清楚的地方逐条标明，面试尾声时，将这些疑问逐一提出，让面试官深刻感受到“这位应征者真的很有心”。

● 调控好心态

情绪的过度紧张，心态的过度不稳，是面试成功的大敌。只有战胜心灵的颤抖，才能在面试中从容地表现真正富于魅力的自我，成功地推销自己。要多学习如何战胜心理紧张，尤其是掌握适合自己的行之有效的策略。

心理状态调控好了，就为顺利地交谈打下了良好的心理基础。而交谈，最便于表现一个人的表达能力、理解能力、应变能力、人格魅力等。

职场点睛

职场中的人一定要有自我推销的意识，否则即使怀有惊世之才，也有被埋没的危险。同样，有上佳的才干却得不到别人的注意和赏识，也是枉然。在平时工作中，你一定要主动争取机会推销自己，把自己的能力展示给别人。

勇敢地迈出冒险步伐

勇于选择，有一颗勇敢的心，这是走向成功的第一步。

——李开复

在职场上，应该保持稳定还是勇于冒险？又该如何冒险，才能享受到“高风险、高回报”？

这个社会里，名利双收的人实在是太多了，但每个人成就功名的过程各有招数。有的是点石成金，有的是苦尽甘来，也有的是人气捧出来的，更有人是冒险赢来的。有人形容“成功”是只看结果，不看过程。

不要只看到李开复平步青云，其实他除了肯冒险之外，更懂得用心为自己谋划策略，一路打造个人形象，塑造品牌，培育美誉度，这些都属于他的无形资产。正是无形资产让他在跨国界的职场吃得开，让诸多投资者愿意在他身上砸大钱。想要“高风险、高回报”，必须平日就着手投资自己。

世界上总要有第一个吃螃蟹的人。我们说一件事情有风险，往往就意味着完成这件事困难比较大，不确定因素比较多，而保险系数比较小。就是因为有这些主客观原因，导致失败的可能性比较大，因此，人们一般不愿冒险。

风险就如一片险滩，渡过了这片险滩，就会风平浪静，就是胜利的喜悦。当然，我们也不能盲目冒险，得讲究科学规律，会预测事情发展的未来，并能降低风险率，这样会减少损失，就是失败了，也不会有太大的失望。

第一敢吃螃蟹的人，往往能成为一个成功者。冒险总比坐以待毙好。最终证明，冒险总是比拒绝冒险要值得。佩尼洛普·特伦克对风险有些了解。作为一位全国知名的专栏作家，特伦克在博客中自揭私生活的隐密细节，这让商界震惊不已。当时，很多人都怀疑这是否是明智之举，不过她的博客却大受欢迎，最终吸引了3万多名注册用户。如果不是有这些忠心的用户，特伦克或许根本无法找出一个说得通的理由推出自己的网站Brazen Careerist——这是一个面向80后的在线专业网络。

在我们的社会里，大部分有成就的人都是冒了很大的风险、并相应地获得高回报的企业家。你该如何确定一项职业上的冒险是必要的、会有所收获？以下几条原则对你会有所帮助。

要放眼长远。你希望自己的职业生涯5年后是什么样子？你将必须采取什么措施来确保实现这一目标？其次，明确定义面临的挑战和机遇——如果冒险成功了，会有什么好处。

接下来考虑不利方面。如果出现最糟糕的情况，是否会葬送了自己的职业生涯，还是能够克服？

如果冒险不成功，你的B计划又是什么？好好想想这些问题，你可能会发现，辞掉自己的高薪工作，把存款花到一个发明想法上，这样做的风险超出了自己的承受力。最明智的冒险"弊"有限而"利"很大。需要研究，向有经验的人咨询，还要甘愿在必要的时候退一步、顺其自然。

明哲培训公司创建人苏·泰戈曼曾说："明确你的落脚点；确立清晰的目标；要有良师益友帮你避免重犯别人犯过的错误；要创造一张经济安全网——一个应急计划——还有，要相信你的本能。"这都是可以借鉴的方式。

现代社会，无论是在生意场上还是在日常生活当中，无时无地不充满着竞争。竞争与风险同在，只要有竞争，就有胜负成败。有的人太聪明了，对未知的风险因素计算得太清楚了，因此不敢冒一点儿险，结果聪明反被聪明误，他们只把注意力放在减少自己的损失上，结果却错失了风险中求胜的良方。

职场点睛

坚信你的选择是正确的，并笃信一切终究会圆满成功。不安全感和消极态度不会给你带来裨益，因为你要不断屏住呼吸、等着事情失败。如果冒险没有成功，不要让它阻碍你今后采取类似的措施。感觉失望甚至尴尬是很正常的。

重要的是，你要振作精神，继续前进。从错误中汲取教训，避免下次重蹈覆辙。职场成功没有捷径可寻。

要做就做到最好

追求卓越，力争做到最好，你必须用这样的标准要求自己，才能成为某个领域的精英。

——李开复

成功人士有一个共同特征，就是在某个领域有过突出贡献。他们可能不是这个领域最优秀的人才，但是，他们必定在某一个方向上有重大突破，做到了最好。

1983年，李开复进入卡内基·梅隆大学攻读博士学位，并选定了自己的研究方向——语音识别。正当他挽起袖管准备大干一番的时候，学院院长尼科·海博曼问了他这样一个问题：“什么是做博士的目的？”

李开复想都没想，脱口而出：“就是在某一个领域做出重要的成果。”

“不对。”尼科·海博曼教授不假思索地否定了李开复。他说：“读博士，就是挑选一个狭窄并重要的领域做研究，毕业的时候交出一篇世界一流的毕业论文，成为这个领域里世界首屈一指的专家。任何人提到这个领域的时候，都会想起你的名字。”

海博曼教授的“做世界某一个领域的一流”的观点，让李开复十分震惊，他从未奢望在20多岁时走到某个领域的顶峰，但是这种“要做就要做到最好”的激励，从此铭刻在了他的内心深处，成为他以后行事的指南。

1984年8月，李开复对当时流行的计算机对弈这个领域产生了兴趣，就是在电脑中编写奥赛罗（也称黑白棋）游戏的程序。奥赛罗是一种类似于五子棋的两人对弈游戏，棋盘为8×8，开盘时，棋盘正中共有4粒棋子，呈对角线排列，两白两黑，由执黑者先行。写对弈程序，就是要教电脑往后推算，一般来说，机器能够分析五六步就很不错了。当年爱玩电子游戏、爱打桥牌的李开复又“开小差”，对这个领域产生了浓厚的兴趣，就跟他做兼职时认识的一个天才高中生萨卓依·玛哈俊一起动手实践。

那一年，李开复23岁，他的“学生”萨卓依·玛哈俊16岁。他们沉浸在“奥赛罗”的运算里，把统计的方法做进“奥赛罗”里，虽然困难超过了他们的想象，但是成功也超过了他们的想象：最后，“奥赛罗”的运算比以前快了1000倍，最多能够完整搜完14层（就是推算下面所有14步棋的排列与组合，在还有14步棋没有下时就能精确地预测输赢）。

李开复和萨卓依给他们的奥赛罗机器人起了个名字“比尔”，带着他参加了世界杯的比赛，并且打败了所有的对手，以8场全胜的成绩夺得了世界杯冠军。

赢得了机器比赛以后，李开复和萨卓依就希望能够挑战人类的冠军，看看在人和机器的博弈中，“比尔”能不能战胜人类。通过一本《奥赛罗棋》的杂志，他们很容易地找到了当时的世界冠军布赖恩·罗斯，他听说要进行人机博弈，也非常感兴趣，他对自己的技艺非常有信心，一口答应要和“比尔”进行比赛，以三局两胜来定胜负。

一天下午，这场世界冠军与机器之间的比赛通过电话开始了。“比尔”走一步，布莱恩通过电话告诉李开复他走的是哪一步，萨卓依在电脑上执行。这个时候，“比尔”的智慧开始发挥出来，当世界冠军最多一步棋想之后的四五步的时候，机器已经开始想之后的 14 步如何布局。刚开始走的 15 步之内，两者的输赢率还差别不大。然而，在第 16 步，布赖恩走出致命的错误一步之后，“比尔”显示，机器的赢率达到了 95%。这时布莱恩还没有意识到大势已去。几步棋后，世界冠军开始叹息，知道自己早已进入了“比尔”的陷阱。再接着走下去，世界冠军最终“溃不成军”。他崩溃了，气愤地说：“不玩了。”最终，布莱恩放弃了第二局和第三局的比赛，李开复和萨卓依研究出的奥赛罗“比尔”以 56 ：8 战胜了人类冠军。

这是机器第一次打败人类冠军，是一个历史性的里程碑。李开复和萨卓依·玛哈俊在最高级别的期刊《人工智能》上发表了两篇文章。很快，李开复的“比尔”被系里的汉斯·柏林教授知道，他约李开复吃饭，对他说：“开复，我正在做一个国际象棋的硬件，希望打败世界棋王，我看到你统计学工作的成绩，希望你考虑加入我的组，把统计学的方法应用在国际象棋上。这样，你很快就可以博士毕业了。”

面对这么诱人的条件，李开复却拒绝了汉斯教授的好意。因为他记得入学时院长的那句话："挑选一个狭窄并重要的领域做研究，毕业的时候交出一篇世界一流的毕业论文，成为这个领域里世界首屈一指的专家。任何人提到这个领域的时候，都会想起你的名字。"他的理想还没实现，他还没有做到"语音识别"领域的专家，还没有成为"最好"的。他想做一个真正了不起的、有用的软件，而不是把自己的才智用在一个游戏上面，草草写篇论文了事。

职场点睛

工作对我们而言究竟是有趣的，还是枯燥乏味的，全要看你有没有热诚努力地去做好它。再枯燥无味的工作，努力去做也会变得有趣；再有趣的工作如果兴味索然地做，都会变得无趣，不信你可以把自己装成没有兴趣的样子去玩游戏机看看。一个人不能从工作中找出乐趣，那不是工作本身枯燥的缘故，而是他自己不懂得工作的艺术。

协调个性与现实，发挥你的无限潜力

很多时候，个性是需要的，但是适应是重要的。

——李开复

“有一些原则和价值观是核心的，是有关对错的，是不可妥协的。除了这些原则之外，应该尽量地融入环境，学习与人相处，争取最好的成长机会。事实上，适应现实的种种规律、规则和处事之道是一种沟通的技巧和艺术。假如有那么一次机会，你需要找某个人商量。刚好，这个人你不那么喜欢，但是这个机会却是你发展的最好机会，而且也是唯一的。

这个时候，我们就有两种想法，一就是放弃机会，二就是放下面子。选择前者，是一种以后也许会后悔一辈子的想法。抓住机会就是对自己负责。机会不会等待某人。选择后者，是一种挑战，对自己的一种挑战。我不知道该怎么表达这种感觉，似乎是说不出来的，也许也只有尝试过才能深刻体会。因为我经常做，我只能说，这是一件在做的过程中非常痛苦的事情，但是做完之后就非常快乐。因为你多了一个朋友。”

李开复曾这样解释过平衡个性与现实的关系的问题：有这样一部分职场边缘人，感叹自己“命运悲苦”，在他们身后，我们看到的是一堵坚实的墙，这堵墙的名字叫做个性。正是这样的墙，把自己的心灵隔绝在孤堡当中，表面看，和外界距离不远，似乎伸手可以触摸到，但是却无法融入，靠近的只是一抹剪影。于是，他们不情愿地成了透明人。

归根结底，是个性和群体相处关系的尺度没有把握好。

当个性变成了尖锐的棱角，刺向你身边的人时，只会让你周围的人退到安全距离以外。

如果说个性太强了，变成了刺猬，那么没有个性行不行呢？答案是——不行！虽然，群体里需要的是包容，是彼此的谦让，但是不要忘记，群体之所以有力量，是因为每个个体都是力量的源泉；群体之所以有活力，是因为个体恪守着自己的界限，使系统达到一个平衡。因为相似的背景、相同的目的，使不同的个体聚集在一起，形成了群体。

历来都强调个性，以至于忽略了“无个性”也是职场中不可或缺的品质。教人如何发挥个性的文章汗牛充栋，而教人如何“无个性”的却难得一见，“无个性”似乎成了职场中上不得台面的，事实却并非如此。以下是让你变得“无个性”的真正个性建议。

如果职业需要自己“无个性”就不要觉得窝囊，因为人在职场，有无个性并不重要，重要的是你所想达到的效果。上班时不穿过于标新立异的服装，不大发惊世骇俗的言谈。工作上发表意见时，不刻意去引人注目，取得了成绩则要强调团队的作用。无个性是外圆内方，是谦逊。时刻不能忘记，“无个性”只是外在的处世方式，而内心深处积极进取的“个性”是绝对不能泯灭的。

根据性格选择职业，要把职业的需要与个性的自由发展分清楚。选择适合自己个性的职业最为重要，个性如果与职业有冲突，那将会感觉到“江山易改，本性难移”的痛苦，自然就难以发挥“无个性”的优势。

锻炼“无个性”有几个误区，切莫走入。

误区之一：认为“无个性”就是与世无争。职场中不去积极争取、维护自己的正当利益，万事退让为先，有时甚至明明自己是对的，被人“冤枉”了还不敢解释、反驳。这样做不叫“无个性”，而叫懦弱。

误区之二：认为“无个性”就是“无原则”。怕得罪人，即使面对错误也不敢反对，不敢指责。职场上要做彻头彻尾的“老好人”是不太可能的，因为你不得罪错误的一方，就必然会得罪正确的一方。和稀泥的做法极易弄得自己一身稀泥。

误区之三：认为“无个性”就是时时处处围着他人转。人云亦云，亦步亦趋，固然能博得个听话、服从的好印象，但也会让人觉得你没有主见和独立工作的能力，长期下去，很影响自己的职业前途。

误区之四：认为“无个性”就是“完美”。时刻反省自己是不是哪里还做得不完善，总怕自己的“个性”会与他人发生偶然的冲突，整天处于战战兢兢的境地。其实这种做法大可不必，因为“无个性”并不能使人成为“完人”，“无个性”只是一个相对的概念，目的是为了让人活得更轻松一些。

不可否认，重视个性可以很好地发挥个人潜力和创造力，但更多的情况却是极易造成劳动纪律的自由散漫，所以，个性化极强的人，不适于严谨的部门和规章严格的单位，相反，却十分适合如作家、画家等自由程度较高的工作。

现在社会环境和工作机会非常多样复杂，个性化是不是好事，要根据具体的工作类型来确定，既不要抱怨在某个单位不能发挥你的个性，也不要抱怨下属怎么这么刁钻——你要知道，只要允许个性存在，那就是很无奈的事。

职场点睛

关于个性的讨论已经很多年，却还是有各种各样新的问题出现。很多时候我们依然拿捏不准个性的尺度。个性，有其独特性，但是当我们要和别人打交道时，这个显示我们独特性的特质就应该能伸能缩，还能变成各种形状。

如果用自然界的一种物质来形容个性，最恰当的就是水了。激烈的时候汹涌澎湃，沉静的时候温婉缓和，无论个性张扬到什么程度，水，都能屈能伸，能随外部的环境而变化。

理智选择，勇于对机会说“NO”

成功者需要有足够的勇气来面对挑战，而最大的挑战莫过于选择。

——李开复

人生路上，总会碰到十字路口，让人难以抉择，此时，做出正确的取舍，才能更好地把握自己的命运。对此，李开复说，鱼与熊掌不可兼得。在人生的每一个关键时刻，你必须审慎地运用你的智慧，有所选择，有所放弃，做出最正确的判断，选择属于你的正确方向。别忘了随时检视自己选择的角度是否产生偏差，适时地给予调整。

李开复说，在创业过程中，许多事情是需要直觉来判断的，而面对如此纷繁复杂的市场机会，仅仅凭借个人的直觉判断，失误率也是相当高的。

在人的一生中，机会无处不在，别人告诉我们的或是自己发现的等等，它们给我们提供了许多选择的可能，我们要从中做出选择并非一件容易的事。原因有很多，客观的或是主观的，最根本的是我们无从知晓眼前的机会能够给我们带来什么，当然也从来没有人知道；“机不可失，时不再来”的复杂心理让我们不忍放弃。如何解决这个问题是我们成长中非常重要的事，因为它关系到我们前进的方向。

以创业为例，在创业过程中，很多创业者面对如此多的事情，决策失误是经常有的现象。华立集团董事长汪力成就曾经因为没有对机会说“NO”而走了弯路。

20 世纪 90 年代初，初尝多元化经营甜头的汪力成禁不住各种赚钱机会的诱惑，将大把资金投向了十二个行业，包括房地产、食品饮料等。汪力成认为这是一个赚大钱的好机会。

1995年，分散投资、盲目立项、管理失控等后果开始暴露出来，子公司之间的债务、担保搅成一团乱麻。

面对众多的市场机会，谁都可能选择错误道路。聪明的商人在犯了错误后会及时领悟到，并及时回头。

到了90年代中期，敏锐的汪力成已经觉察到自己的决策失误。他立即对华立的发展战略做出了重新定位，坚决将原来华立在十二个行业的23家企业收缩为三个优势产业的4家公司，并将精力集中在华立的优势产业——电能表。

果然，两年后，随着中国“两网”改造的开展，电表的销售量大增，公司效益一下子就增长了不少。

事后，汪力成这样总结自己的得失成败：“机会太多，总是容易让自己乱了阵脚，但是乱了阵脚并不可怕，关键是要及时地反应过来。一个没有犯过错误的人，不能算是个成熟的人；一个没有犯过错误的企业家，不能算是一个真正成熟的企业家。要敢于对机会说‘NO’。”

著名经济学家梁小民教授说：“改革开放那么多年来，很多成功商人能一路比较顺利地走过来，我认为与他们的敢于对机会说‘NO’的精神有关。”

李开复认为，对机会说NO，从表象上看是有些损失，但放弃后得到的价值是远远大于损失的，人们需要从长远着眼，分析处理问题。放弃需要勇气和胆量，市场营销不需要仁慈，为了生存得更好或者为了活着，真的要学会放弃。尤其是在现在经济危机的大背景下，整个世界都苦苦寻觅“新的机会”、“新的可能”时，一个想赚大钱、成就大事业的人，一定要沉稳、干练，面对多如牛毛的商机不能“眉毛胡子一把抓”，要敢于做出适当抉择，选择适合自己的。

人这一生的机会一定很多，但只有少数甚至一个机会能改变人生。如果你一味贪多，什么机会都想抓，或许稍不留神机会都会离开你……

李开复是善于捕捉机会的，也是善于对机会说“NO”的大师。李开复领导的谷歌中国有进有退，有张有弛，正所谓：“身心清静古为道，退步原来是向前。”

职场点睛

在成功之路上，你必须深谋远虑，具备超乎常人的坚忍，能够在逆境中屹立不摇，在混沌隐暗之中找出真正的答案。别人慌乱我独醒，机遇来了绝不放手。而面对多如牛毛的机会时，不要慌乱，要瞄准最适合自己的一个，敢于对其他的机会说“NO”。

做事脚踏实地，积累仰望天空的资本

让你的内心变得强大

真正的酷是在内心，你要有强大的内心，要有任凭时间流逝，不会磨折和屈服的信念。

——李开复

“不要多看那些和你一个路数的女作家的文字。不要琐碎，无病呻吟。不要想到什么就写。千万不要认同那些伪装的酷和另类。他们是无事可做的人找出来放任自己无事可做的借口。真正的酷是在内心，你要有强大的内心，要有任凭时间流逝，不会磨折和屈服的信念。走了一条路的时候，记得别回头看。伤心和委屈的时候，要嚎啕大哭，哭完洗洗脸，拍一拍，挤出一个微笑给自己看。不要揉，否则第二天早上会眼睛肿。”

这是李开复写给女儿的信中的部分内容。

李开复一贯强调跟随内心和直觉选择自己的人生路，这个选择建立在强大的内心之上，无论做任何事情，强大的内心都是你成功的内在保障。即便你被命运捉弄得一无所有，只要拥有强大的内心，你仍有成功的机会。众所周知，20 世纪美国的一个传奇女性海伦 · 凯勒，出生后 19 个月得了一种怪病，导致她成了一个既聋又哑且盲的人。然而，正是这么一个幽闭在盲聋哑世界里的人，竟然毕业于哈佛大学德吉利夫学院，终其一生处处奔走，建起了一家家慈善机构，为残疾人造福，被美国《时代周刊》评选为20世纪美国十大英雄偶像。

我们无法想像，如果没有强大的内心，世界上还有谁能做到像海伦·凯勒那样让自己的生命绽放异彩？试问，一个内心空虚乏物的人，如何凝聚力量来维系永远的绚丽？而内心强大，能让生活是丰实而非空洞的；生活丰实，才可能让人生是精彩而非轻佻的。一个坚定的意愿可以得到全世界的协助，内心的强大正是积聚外界能量的前提。

人的一辈子，要受到多少次来自外界的质疑，又有多少次不为其所动？一个人如果必须通过外界的评价来证明自己，周围的人说你好，你就认为自己好，周围的人认为你不够好，你就认为自己不够好，这只能说明内心不够强大。只有不再需要依赖外界对自己的评判，就能认可自己的时候，你的内心才是真正强大无比了。

我们也许会暂时变得一无所有。空空的手心并不意味着空空的内心。卷土重来的英雄故事我们听得太多了。一切只关乎内心的强大。世界上有这么一种人，似乎特别得到老天爷的偏爱，他们可以得到他们想要的一切。但是你看到没有，他们都有着强大的内心。

你可以苦闷、可以失落，但是你不可以内心空虚。你必须明白，环境怎样并不重要，记得让自己的内心强大起来。

脆弱的内心如果遭遇自我暗示，只能让你的人生路越来越糟。几个大学生与一个年轻人开玩笑，把年轻人的双手和双脚捆起来，把眼蒙住，然后抬到一条已经废弃的铁轨上。当时，这名被绑者并不知道自己躺卧的铁轨已废弃不用。远处一列火车呼啸而来，又飞驰而去。开始时青年人还拼命挣扎，后来就不动弹了。当那群大学生给他松绑时，他已经死了，他是被自己害怕被轧死的自我暗示杀死了。

在生活中，我们也常常能见到消极的心理暗示对人体的影响，比如有人看病被误诊，他的身体就会发生与误诊相吻合的症状，直到误诊被解除或恶化致死。

周立波在被问到跟网友开战，压力大吗？他回答，“我的内心足够强大，我是为数很少敢在网上开骂，然后每天看着自己负面的人。我不怕。对于这帮网络暴民，什么我的粉丝，我根本不在乎。13 亿，只要有 100 万真正挺我的人，此生足矣。”

如何拥有一个强大的内心呢？

人要有一颗稳定的心。一个驾驭不了自己心的人，什么都做不好。不管遇到什么事，冷静是最重要的，说到容易做到难，能在任何情况下做到波澜不惊、心平气和是很不容易的事。

随时思考反省，去除浮躁心态。在凡事能冷静的基础上，遇到任何事情，客观地对待，先从自己身上找原因，少怨恨别人。一个巴掌拍不响，自己必定是要担责任的，一个肯否定自己的人，才会有进步！

理性地分析别人。每个人都有自己独特的思维方式，独特的做事方法，不要一不如意就否定别人，要以包容的态度看待别人做人做事的方式。看穿一个人，是你的智商高；包容一个人，是你的情商高。

向最聪明的人学习，向成功的人学习，每一个人都有优点和缺点，我们要不断地学习别人的长处；不断地进行学习和培训，这样才能与时俱进。

无论做什么，记得是为自己而做，那就毫无怨言。面对困境，也不要悲观厌世。

人生短短数十载，最要紧是满足自己，不是讨好他人。何必向不值得的人证明什么？生活得更好，是为了你自己。在人生的任何时候都不怕重头再来，每一个看似低的起点，都是通往更高峰的必经之路。让自己更平和一点、更豁达一点，对于身边的过错，让自己更宽容一点，那么你的内心就会更强大一点，你的世界也就更精彩一点。

职场点睛

内心强大的人，表现出来的并不是外强中干，但一定有自己的坚定信念，这种信念不是口头上的，而是发自内心深处的；也不仅仅是在知识上的，而是带有深厚情感，积淀丰富的人生阅历的。

由于内心强大，便不会一听到不同的声音就焦虑不安，就立即改变自己的想法。真正内心强大的人，不会轻易改变自己信念内核中的坚守与坚持。

执行力是成功的关键

如果没有好的计划和准备，再好的理想也只是幻想；如果不能有效地执行，再多的兴趣也只能算是爱好；如果没有坚持不懈的毅力和意志，再诱人的成功也只是南柯一梦。

——李开复

在李开复看来，周密的计划和有效的执行是一个人“圆梦”的梯子。李开复曾经这样说：“如果知道自己的理想或兴趣，那么需要周密的计划和有效的执行，这样才能达到既定的目标；如果不知道自己的理想和兴趣，那么，也需要制定一个计划，找到自己的理想和兴趣——也就是把寻找目标当作现阶段的目标。”

如何有效地提升自己的执行力呢？李开复在他的著作中给我们提出了提高执行力的“八要素”，它们分别是周密的计划、明确的目标、差距分析、循环修正、坚强的毅力、良好的习惯、管理时间、多管齐下。下面分述之。

- 制定周密的计划

理想和兴趣都是比较广、比较远的目标。追逐这些目标的第一步是将长期目标分解为阶段目标，其中，每一个较大的阶段目标还可以进一步分解为若干个较小的阶段目标。进行了类似的目标分解之后，你就拥有了一份周密的、可实施的行动计划——周密的计划是一切成功的前提。

说到周密计划的重要性，李开复举了“阿波罗登月计划”来说明这个问题。为了实现登月的目标，美国太空总署制定了周密的登月计划，并将整个大目标分解成以下 8 个阶段性目标：发射火箭到大气层——环绕地球——发射火箭，环绕月球——月球着陆器从火箭中分离，在月球表面降落——月球着陆器离开月球，与轨道舱会合——返回地球——进入大气层——返回舱安全坠入大海。正因有了如此周密而完善的计划，加上所有参与人员认真执行，“阿波罗登月”的理想成为了现实。

- 目标明确，并学会将其分解

李开复认为，为了保证计划能顺利执行，要把近于抽象的、宏伟的、不可衡量的大目标分解成为实际的、可衡量的小目标。比如在马拉松比赛中，四十多公里的赛程足以让人望而生畏，但聪明的选手会把这四十多公里分解成若干个小目标，比赛开始后，首先奋力地冲向第一个目标，达到第一个目标后，再以同样的速度冲向第二个目标……如果只是把自己的目标定在四十多公里以外的终点线，可能跑不到二十公里就已经疲惫不堪了。

- 差距分析——客观地评估自己距离目标有哪些差距

在确定目标后，客观地评估自己距离目标还有哪些差距。如果你认为自己在15年后可以成为“最好的自己”，那么，“今天的自己”和“15年后的自己”之间有什么差别？找到差距以后，你要做的事就是尽力提高自己以弥补差距，使自己距离目标越来越近。

● 循环修正自己的计划

在计划的执行过程中，随时评估计划的完成情况，并根据评估结果，不断对计划进行修正，并提出新的计划。然后以新的计划为依据，再次执行、评估和修正……如此循环往复，不断完善你的计划与执行。

● 坚强的毅力

李开复认为，毅力就是坚持正确方向、矢志不移地完成既定目标的态度和决心。“梦想加毅力”几乎是每一个著名企业永恒的成功之道，也是个人走向成功不可或缺的要素。李开复自身就是一个有着坚强毅力的人，为了成为出色的演说家，他要求自己每个月做两次演讲，而且，每次都要他的同学或朋友去旁听，为他提出反馈意见。几年后，人们认为李开复是个天生的演说家。对此李开复自己说：“其实，我只是实践了中国人勤奋、向上和毅力等传统美德而已。”

● 培养好的习惯，摒除坏的习惯

李开复认为，与其说性格决定命运，不如说习惯决定命运。

因为性格正是由日积月累的习惯形成的。因此，李开复建议，为了更好地排除成功之路上的障碍，必须培养好的习惯，摒除坏的习惯。

● 有效地管理自己的时间

李开复认为，时间管理与目标设定、目标执行有相辅相成的关系，是目标管理的重要组成部分。如果不能有效地利用时间，理想与成功都只能化为泡影。

● 多管齐下，多准备几套方案

学习了如何计划以及如何执行、并一丝不苟地去做，并不能保证你的计划 100% 的成功。因此李开复建议，在执行计划的过程中，最好多准备几套执行的方案，对这些方案进行研究和实验，在综合考虑各种信息后，从中选择最佳的那种，以期将失败率降到最小。

职场点睛

想要提高执行力，就要从一个习惯凡事拖延者蜕变为一个行动派。如果你已经习惯了事事拖延，也不必害怕。人们随时随地都在认识自身，都在不断成长。现在起的所有决定都会对未来产生巨大的影响，而这些决定都是产生于此刻，影响于未来的。所谓的未来,只不过是由一个又一个的现在所累加起来的。在行动派眼中，行动就是动机加动作。一个人只有无数美妙的想法毫无用处，如果不能行动起来，那它就只能停留在空想上。

你的理想要切合现实，不能好高骛远

先为了实际，做你不是最爱的工作，把不爱的工作做得足够好，然后用你其他的时间去追逐你的理想。

——李开复

理想，有时遥不可及，有时近在咫尺。

在职场打拼的人们，如果是为了理想而忙忙碌碌，那他一定忙并快乐着；但如果每天拼得“头破血流”，可仅仅是为了生存而战，理想似乎成了海市蜃楼般不切实际，这样的生活也许会感乏味。有时，当梦想如幼芽在心底破土而出时，身陷现实泥潭的你，是否感觉迷茫？究竟是不顾一切奋斗一场，还是思前想后，畏缩不前?

某一高级住宅区，一个开电梯的年轻女孩，工作上很勤勉，获得各单元住户的一致好评，但因相貌酷似某演员，因此招来不少的议论。大家乘坐电梯时，总是有意无意地说起她像女演员之事，说得多了，她便默不作声。一天，下班高峰时间，挤在电梯里人们又开始谈论起这件事情，有人说：“真的，你长得太像某某演员了，何不去试试演电影呢？”言外之意，开电梯委屈她了。

这位姑娘终于忍不住开口说话了：“您说的那位演员我知道，她至多是位三流的演员，而我却是一名一流的电梯工。”电梯里顿时鸦雀无声，从此，乘坐电梯时再也没有人议论此事了。

这是切合实际的例子。

两汉之交的王莽被正史认为是篡夺了西汉的皇位，这其实是因为中国自古以来成王败寇的观点。事实上朝代更替是很正常的，“天下，有德者居之”是常理，不过不管你多么有想法多么有才华，失败了就是贼，就摆脱不了篡位的名声。其实此人有理想、有抱负、有才干，是个人才。

王莽的失败并不是因为所谓的篡位，他的失败在于不切合实际的计划和变化，“王莽下令，一日三改”这句歇后语说的就是这个意思。王莽实施新政，因为他想按照他的理想和抱负来治理天下，但他的新政总是在改，因为他的政策方针并不能实施。既然是改革为什么又不能实施？因为新政太理想化了，根本不切合实际，至少不切合当时的社会现实。

的确，人的一生，总会有理想与现实错位的情况。李开复认为：当理想和实际有分歧时，年轻人有 3 种做法：

第一种做法，追逐理想。只要能得温饱，你从中得到的享受将超过物质的享受。

第二种做法，先为了实际，做你不是最爱的工作，把不爱的工作做得足够好。然后用你其他的时间去追逐你的理想。

第三种做法，先为了实际，做你不是最爱的工作，而在你不爱的工作上拼命，赚够了钱，解决了吃饭的问题，再去做你最爱的工作。

比如说你的理想是做一个诗人，但是实际上你为了温饱，你可以：

在文学杂志工作，虽然待遇不高，但可得温饱，也可做你爱做的工作；

你可以到报社工作，待遇也许较好，然后把每一分钟多余的时间（跑新闻路上等）做你的理想工作；

你可以做待遇最好的写作工作（如公关、市场、技术、小说），甚至找和写作无关的工作（做生意、编程……），拼命赚钱，赚够了钱再做你最爱的工作。

你的阶段性目标在3个例子里会有显著的不同：可能是和写作、文学造诣有关的，也可能是和金钱有关的（每月存多少钱）。

德国有个考古学家叫谢尔曼，特洛伊、迈锡尼都是他发掘出来的。他从小熟读《荷马史诗》，认定诗中所说的英雄人物、事件、地点都是确有其事的，他坚信世界上曾经存在过特洛伊这个城邦，很小的时候他就立志要做个考古学家，找到特洛伊。但是考古需要不菲的经费，为了实现他的目标，他选择了经商，也是从学徒做起，经历了一些坎坷，他经商取得了成功，成为了一个有钱人。这个时候他重拾少年时的梦想，放弃了经商，用经商所赚的财富投入到考古工作中来，发现了特洛伊，震惊了世界。他没有开始就追逐理想，但理想始终在他的前方、在他的脑海里，他时刻没有忘记自己的理想，经商只是他实现理想的一个途径。

那么，当理想与现实有分歧时，我们是不是该静下心来，从最简单的事情做起，多看、多问、多做，把一部分热情变成持久的耐心呢？只有做到这一点，才能让自己的理想一步步实现。

职场点睛

职业生涯面临的选择几乎所有人都会碰到。职场人士在选择工作时往往只注意到了现实压力与理想这两个角度，更深层的角度则往往被忽略了。现实与理想体现出的不仅仅是一种选择、一种利益取舍的关系，更是体现出一个人的职业价值观。

找工作的时候不能只考虑现实和理想，盲目屈服于现实或不切实际的憧憬都是不可取的，应该具有职业生涯的意识，以自己的职业发展为基点选择工作。职场人士要给自己制定一份详实可行的职业生涯规划。

提高你的自控能力

自控是一种内心的自我对话，可以提醒自己不要落入恶劣态度的陷阱。

——李开复

李开复曾说，美国对有暴力行为的加害人，都会施以团体教育，而教导他们认清暴力的毁灭性，学习控制自己的冲动，以保护自己和对方的安全，避免铸成大错。如果认为自控不容易，那么，你可以请你的知心好友随时提醒你。

关于自控，李开复讲过一个故事。他过去的一个老板常常一生气就一发不可收拾，而且他生气都有前兆：他会先用刁钻的问题考倒你，然后他开始颤抖，最后他才发脾气。但他想改掉这个毛病，于是他要求李开复在每次看到前兆时，用一句"密语"（如"让我们言归正传吧"）来提醒他。几次"密语"提醒之后，他就有了自觉和自控的能力，再也不需要别人提醒了。

看过《三国演义》的人都深知诸葛亮"攻心战"的厉害。其中最经典的莫过于"三气周瑜"，这位年轻英武，文武双全的东吴大都督，就是由于心理自控能力差，"赔了夫人又折兵"，恼羞成怒，吐血而亡。不过，诸葛亮的"攻心战"也有失灵的时候。五丈原司马懿宁做缩头乌龟，就是不被诸葛亮派使者送来的女人衣服所激怒，还笑曰："孔明视我为妇耶！""孔明食少事烦，其能久乎！"果然不出所料，不久诸葛亮因劳累过度，星殒五丈原。

既然都说诸葛亮的"攻心战"了得，为什么对周瑜和对司马懿却收效大异呢？这主要取决于对手的心理自控能力。周瑜虽风华正茂，但嫉贤妒能，气量狭小，本来就缺乏自我控制能力，又由于几次较量均败于诸葛亮，难以承受沉重的心理压力，加上疾病缠身，最终吐血短命。相比之下，司马懿心理素质就好得多。他老谋深算，在受到对方羞辱的情况下，发挥出超强的心理自控力，才使得诸葛亮的如意算盘落空。

现代职场中压力无处不在，一个人如何在巨大的压力下进行情绪自控？李开复用他的切身经历告诉你。

2005 年 7 月，即将跳槽至谷歌的李开复被微软以莫须有的罪名告上了法庭。一时间，一石激起千层浪，所有的媒体报道都对此事表示出强烈的兴趣，并且发挥了他们无与伦比的想象力，添油加醋者有之，煽风点火者有之，落井下石者有之……李开复发现每一本杂志的封面都是他，铺天盖地的虚假报道几乎要把他压在五行山下，不得喘息。在那段时间里，随着事情的不断演变，各种不实报道也越来越多，微软对李开复指控的"罪名"也越来越多，强大的新闻机器一经启动，从来就不会自动停歇！

舆论的压力已经让李开复委屈到极点，人情的冷漠也让他心寒。他效力了 7 年的微软说翻脸就翻脸，甚至专门成立了“写作班子”对李开复进行“揭短”，策划撰写与他相关的新闻。微软甚至发了一封内部邮件，公开说：“李开复根本和我们的技术无关，但是我们要把他卷进来，这样诉讼才有戏。到时候他就知道，他被栽赃了。”

在整整 6 个星期的时间里，各种突发事件都在不断上演。除了媒体的博弈、微软的质问，还有对方律师不断提出的新的取证要求，在每一个细微的角落里，双方都在寻找最大的进攻切入点。而李开复，就在这样的煎熬中消耗着他宝贵的热情。一个阳光乐观的人忽然就不见了，他的生活如同在冰刀上舞蹈一样，每一步，都那么惊险。

最初的几天，他每天起床后的第一件事情就是打开电脑，然后看着负面新闻充斥屏幕。他满心委屈无处诉说，寝食难安，体重骤减。他不敢告诉母亲发生了什么，因为他不想让年事已高的母亲担心。

可是，纸终究包不住火，李开复的母亲从电视上看到了李开复的消息，按捺不住内心的焦虑，给他打了电话。对于官司，李妈妈一句都没问，只是简单说：“儿子，妈妈相信你，要按时吃饭，保重身体啊！”都说男儿有泪不轻弹，但是电话这一端的李开复听到母亲的这句话，已然是泪流满面。

李妈妈的这个电话让绝望到谷底的李开复重新恢复了斗志和激情。他终于意识到，失去勇气就意味着丧失了面对挑战的机会，不但于事无补，还可能让自己悔恨终生。一个来自内心的声音告诉他："不能这样，我要振作起来！"于是李开复告诉自己，不能再浪费一秒钟在不能改变的事情上，必须专注于可以改变的事情上，为打赢官司而全力以赴。他给自己立下一个规矩，把订阅的报纸停掉，不再上网看有关诉讼的任何新闻。因为这些都是他不能改变的事情，只能去接受。与其在这些新闻上面浪费时间，不如努力搜集证据，找到对自己最为有利的说辞。就这样，李开复从情绪的低谷中走了出来，在他和他的律师团队的通力合作下，他们打赢了官司，微软最后撤诉。

经过多年在职场、在生活中的浮浮沉沉，李开复认识到自控是一种内心的自我对话，它可以提醒自己不要落入恶劣态度的陷阱。因此，当我们面对压力时，李开复提出了这样的建议：我们一定要保持清晰的头脑，以诚实赢得信任，并且随时都清晰地理解，自己的行为将影响他人。

职场点睛

每个人都会有七情六欲，所以拥有一颗克制心就成为我们正确做事的关键。但是要学会克制自己，你首先要认清自己，学会自觉。自觉不只是认识自己的潜能、素质，还包括认识自己的感情、态度。自觉的人知道自己何时会有喜、怒、哀、乐的表现，也明白喜、怒、哀、乐的宣泄会造成怎样的后果。当自觉的人感到愤怒时，他不会在瞬间爆发，因为他知道这种突然爆发可能造成负面的影响，但他也不会压抑自己的感情，因为那会造成很大的心理伤害，他通常会尽量控制住自己的情绪，选择最有建设性的方式处理问题。

保有自知之明，清楚地认识你自己

一个人既不能对自己的能力判断过高，也不能轻易低估自己的潜能。

——李开复

猫和老鼠同住在一个园子里，老鼠对猫毕恭毕敬，小心伺候，以免自己被吃掉。有一天，老鼠跳上了一块高崖，而猫跳了几次没能上去。猫就对老鼠说："快把我拉上去吧。"老鼠看到猫有求于己，且确定自己居高临下，没有了危险后，就想起了平日对猫的不满，就开始用恶毒的语言谩骂猫。

面对老鼠的挑衅，猫坦然地回答："老鼠呀，你要知道，石崖虽高却寸草不长，现在不是因为你有了可以慢待我的实力，而是因为你暂时的位置！如果你的肚子饿了，你就必须从所处的位置上下来，你还会傲气冲天吗？那时，你会比以往更加一文不值。"果然，没过一个时辰，老鼠就呆不住了，刚一着地，就成了猫的猎物。

物竞天择，优胜劣汰，在残酷的竞争中，能使你立于不败之地的唯有生存实力。作为职场之人，对此必须要有自知之明，在提高职业能力上下工夫。如果仅仅因为职务的变化（而非自身实力的提高），你就变得颐指气使、不可一世，那你只能是那只可怜的老鼠。

李开复在给大学生的一封信中曾说，中国人常说，人贵有自知之明。这实际上是说，社会生活中的每个人都应当对自己的素质、潜能、特长、缺陷、经验等各种基本能力有一个清醒的认识，对自己在社会工作生活中可能扮演的角色有一个明确的定位。

心理学上把这种有自知之明的能力称为“自觉”，这通常包括察觉自己的情绪对言行的影响，了解并正确评估自己的资质、能力与局限，相信自己的价值和能力等几个方面。

李开复认为，一个人既不能对自己的能力判断过高，也不能轻易低估自己的潜能。对自己判断过高的人往往容易浮躁、冒进，不善于和他人合作，在事业遭到挫折时心理落差较大，难以平静对待客观事实；低估了自己的能力的人，则会在工作中畏首畏尾、踟蹰不前，没有承担责任和肩负重担的勇气，也没有主动请缨的积极性。无论是上述哪一种情况，个人的潜力都不能得到充分的发挥，个人事业也不可能取得最大的成功。

事实上，有自知之明的人既能够在他人面前展示自己的特长，也不会刻意掩盖自己的欠缺。坦诚自己的不足而向他人求教不但不会降低了自己，反而可以表示出自己虚心和自信，赢得他人的青睐。

李开复在给中国学生的信中说："自觉的人不但公平地评价自己，还主动要求周围的人给自己批评和反馈。他们明白，虽然自己很自觉，但别人眼中的自己是更为重要的。一方面，别人眼中的自己更为客观，另一方面，别人眼中的自己才是真正存在的自己，也就是说，如果别人都认为你错了，只有你自认为没有错，那么在社会、学校或公司眼中，你就是错了。所以，你必须虚心地理解和接受别人的想法，而且以别人的想法作为最终的目标。比如，我女儿可以每天评估自己的发言，但最终，只有当老师和同学们认为她是个开朗的、有想法的学生时，她才达到了最终的目标。"

职场点睛

有自知之明的人在工作遇到挫折的时候不会轻言失败，在工作取得成绩时也不会沾沾自喜。认识自我，准确定位自我价值的能力不仅仅可以帮助个人找到自己合适的空间及发展方向，也可以帮助企业建立起各司其职、协同工作的优秀团队。有自知之明的人让人感觉他是一个自信、谦虚、真诚的人。

勇于自省，敢于承认错误

勇于承认错误，主动接受批评——要避免错误的发生，而不是事后遮掩；不断追求进步，"足够好是不够的"——永远追求进步是成功

持久的动力；听取他人意见，接受“良师”指点——自省和进步的先决条件；事后认真反省，努力改变自己——实现从优秀到卓越的飞跃。

——李开复

人生经历一次失败并不可怕，失败了要敢于面对，勇于承认，但是如果不做自我反省，思考失败的原因和教训，仍然会一败再败。反思失败就是要找出失败的原因，总结和吸取失败的教训，然后以一切从零开始的勇气，“而今迈步从头越”，排除杂念，轻装上阵，重上战场进行拼搏。

李开复说，在古今中外，不反思蛮干，一败再败的例子多不胜数，但是如果你是一个善于自省的人，就能迅速从失败的阴影中走出来，对失败的教训进行总结，最后的成功还将属于你。他举了这样的例子来证明自己的论点：

一个是日本人的故事。1984 年三四月，日本富士银行纽约分行的一位主管，从事外汇投机买卖连续干了 20 次，亏损似滚雪球那样骤增，达 115 亿日元之巨。“败莫大于不自知”。若他头几次买卖发生亏损后，立即进行反思，败局不至如此，甚至还可以反败为胜，但此人不进行反思，继续滑下去，最后掉进痛苦的深渊。

与此相反，经营者在失败后反思，并由此走向成功者也不乏其例。而这次，李开复举了一个中国人的例子。

王强是江苏某分析仪器公司的老板。由于公司规模小，技术力量薄弱，约 300 人的厂里没有一名专业技术人员，企业濒临停产，公司陷入空前困境之中。但是，在困难和危局前面，公司领导王强并没有消极地坐以待毙，而是召开会议，分析造成公司经营困难的原因，积极总结以往生产经营的教训，然后经过反思，大家一致认为，要想起死回生，必须开发新产品。但把眼光仅限在厂内，那是毫无办法的。于是，王强又决定走向社会，借用科研院所的力量，与他们搞合作，接受技术成果转让。在很短的时间内，这个小厂就与全国 200 多个科研院所和大专院校建立了联系，与其中的 40 多个单位合作研制成功了几十种新产品。最后该公司利用沈阳一家研究所的科研成果生产出来的新产品，仅用 4 个月的时间就投入批量生产，实现当年投产当年盈利，终于使公司走出困境，获得新生。

李开复认为，在人生的旅程中，大部分人在失败或陷入困局后更愿意将失败的原因归结为外因，即抱怨客观原因，甚至认为运气不好，从而有利于心理平衡。这样做固然有利于使当事人摆脱挫折后的消极心理状态，但正是这一“有利”的做法妨碍对失败的反思，不能把失败作为一项难得的学习机会。每个陷入困局或失败后的经营者应认真剖析导致失败的内因和外因各占多少，以免重蹈覆辙。

具体地说，要特别注意以下几点：

一、不要埋怨任何人。生活中有这样的情况：遇到了种种矛盾往往埋怨对方，碰见了冲突，总是指责对方，什么事总是自己对，总是从自己的角度出发。这种人对物质利益显得自私，在人际交往上同样自私。因为不能自省，所以总觉得不平衡，总难进步。

二、正确地看待失败。竞争的失败能使人的认识产生一次飞跃，失败的教训将成为宝贵的财富。反思失败的目的是要去克服失败。

三、剖析自己的失败，主要是要善于总结教训，找到导致败局或失利的症结和关键。

四、自我检讨。一个人肯多做自我检讨，万事都可变成自己的借鉴，孔子说“见贤思齐，见不贤而内自省”。“自省”就是一种“反己”功夫。

李开复说，敢于承认错误、修正错误，你就要学会自省。既然自省这么重要，那么怎样才能养成自省的习惯呢？李开复帮我们解决了这个问题，他专门总结了一套培养自省习惯的简单训练法。这对于一些创业者来说，或许会有些借鉴意义。

他的方法是这样的，准备 1 个本子和 1 支笔，在每个月的第一天，记下：

一、上个月的成功与失败有哪些；

二、分析成功与失败的原因是什么；

三、定出要在本月进行的改进计划。

然后，开始按照自己的计划实施改进行为。

到了每个月的最后一天，你还需要再做两件事：

一、自我评估改进计划的执行情况；

二、请朋友、同事检查自己是否兑现了承诺。

当然，这是一个循序渐进的过程，关键就在于坚持，这样一来，你必然就会取得一定的收获。

总之，我们应该养成这样一种习惯：在犯了错误之后，静下心来认真分析一下所犯的错误，找出犯错的原因，针对这个错误诱因制定相对应的策略，以确保以后不被同一块石头绊倒。要知道，成功者与失败者之间的一个重要区别就在于前者有意识、有能力避免同样的错误反复出现在自己身上而后者没有。

职场点睛

每次成功都可能导致你的失败，每次失败好好接受教训，也许就会走向成功。如果一个人真正能从其所犯的错误中吸取教训，那么他的生活就会发生改变。这样，他获得的就不是经验，而是智慧了。

第七章

转“危”为“机”，浴火成凤凰

事分轻重缓急，你应分清主次

分清主次，抓住对自己来说最重要的事情。

——李开复

时间管理专家做了一个实验，将一个瓶子里装上大石块，一直装到再也装不下，他问学生们："瓶子满了吗？""满了。"专家笑着摇摇头，往里放了许多更小的石子，填住大石块中的缝隙。"满了吗？""可能还没有……"这回一些学生学聪明了。专家又笑了，接着，他又将不少的沙子倒了进去，石头中的缝隙完全被塞满了。"这回满了吧？""没有！"大家一个个如梦初醒。

专家慢慢地用水将瓶子灌满，问大家："这个实验告诉我们什么道理？"有人自信地回答："这告诉了我们，无论时间多么紧凑，如果再加把劲儿，你还可以做很多事情。"专家摇摇头，说道："这个实验告诉我们，如果你不先把大石块放进瓶子里，那么你就再也无法把它放进去了，切记先处理这些'大石块'。否则，你就会终身错过了。"

现实中，有些人做事不分轻重缓急，往往被那些繁琐的小事困扰了一生，他们没有意识到，那些事是永远都做不完的。如果一味地被繁琐小事所困扰，你将没有机会去做那个对你而言最重要的事。

做事情要分清轻重缓急，年轻人选工作也是如此。李开复在一次电视节目中曾经这样说：“选一个工作不要只看职位和薪水，更要想到这个工作是不是你喜欢做的。还有就是说，不要那么消极地说谁打电话给我，找我，我就考虑他这个工作，不是谷歌找我，是我找谷歌的。还有我想讲最后一点：可以冷静地做一个利弊分析表，现在的公司有什么利，有什么弊，写出来之后看看这些利和弊是不是符合自己的理想。我也接受过一些工作，薪水降了很多，但是是好的学习机会。而且酬劳不只是钱嘛，还有股票、公司的培训等等，其实很难衡量的。”

这即是李开复的平衡理论，能够分清轻重缓急、主次矛盾，综合衡量。道理很容易懂，但不是每个人都能践行。有一些人，从上班忙到下班，有时候还要加班加点才能将工作做完，一副“天下唯我独忙”的样子；而另外一些人，却总能在工作时间内轻轻松松地完成自己的工作，并且还能帮帮别人，而在公司的考核中，两者的工作业绩也差不了多少，甚至后者还会超越前者。

仔细想来，这便是“死”工作与“会”工作之间的区别，究其原因，也只不过是后者善于理清工作顺序，前者不以为然罢了。当然，并不是说勤劳工作、加班加点工作不好，这也正是我们工作中所必需的，只是想说明如何才能提高工作效率，把事情做到最好。

“先把鹅卵石放进罐子里”的道理，正是在告诉我们：在我们的工作、学习中，除了刻苦、努力外，还需要多动脑筋、分清主次、抓住关键。

职场点睛

非凡的人生源于分清主次。不要被琐碎的事所困扰，而撇开重要之事，这样，时间、精力和金钱便会浪费。要想达到目的，就要善于梳理头绪，扫清障碍，分清轻重缓急。

职场危机不可避免，你要知道如何应对

凡事都可以作最坏的打算，置之死地而后生，然后积极去争取每个机会，哪怕是1%的机会。

——李开复

从加盟谷歌的第一天开始，谷歌就面临着各种挑战，危机不断涌向李开复。在接受记者采访时李开复曾说："如果算我哪天是没有危机，这还比较好算。首先，凡事都可以作最坏的打算，置之死地而后生，然后积极去争取每个机会，哪怕是1%的机会。最后，争取到，最好。争取不到，也不要沮丧。"

每个人都需要经历一些挫折才能成长。从李开复个人经历而言，他认为自己经历过2005年的跳槽官司后，其他的困难都不算困难。跳槽官司事件爆发时，有很多的错误报道和误解，让人确实很难过。最后，当事实证明他没有错时，大

家也不再谈论这件事情。事后李开复总结道：“要相信任何困难都可以渡过，后悔和担心是最不需要做的事情。一件事情已经发生，弥补来不及，不要后悔，要想从这个事情学到什么。不要再想错误，多想1分钟，都是浪费生命。”也就是说，职业生涯中，遇到危机是不可避免的，关键在于我们应对危机的态度。

那么在我们的职业生涯的不同阶段，一般会遇到哪些危机呢？

在20几岁的时候，我们会碰到的第一个危机，叫做“找不到定位的危机”，也就是说，刚刚从学校毕业，我们不知道在这广阔的社会中，怎么样找一个安身立命的地方，所以有些人就会徘徊在学校与事业之间。

进入30岁阶段的时候，第二个事业危机已经站在那里等我们了。第二个危机，就是“企图要在人群中脱颖而出的危机”。这本来是一个非常好的意识，而且是让你往上努力奋发的动机，但是却常常会碰到有些人剑走偏锋，因为他要脱颖而出，又不能如其所愿，所以就走火入魔，用其他的方法来证明他的突出，这是非常危险的。

40岁以后，我们会碰到另外一个危机，就是“事业高原时期的危机”。从20几岁到30几岁的时候，整个事业的发展，是迎着上司的掌声前进，他们拼命给我们的能力鼓掌，所以我们就向着掌声前进。可是，到了40几岁的时候，我们的事业已经到达一个相当的成就，也可能已经是公司的高级主管。

有很多的所谓高级主管，40几岁的时候，他不知道未来应该要如何做，所以接着就产生了所谓中年转业的种种问题。这是我们在人生事业中，面临的第三个事业上的危机。

以上只是一个可能的共性危机，不断完善自己是一个过程，职业生涯发展也是有一个过程的，大家要正确认识职业生涯，看清楚其中的实质。其实职业发展正如学习，需要循序渐进，不能渴望一蹴而就，那是不现实的。通常情况下，在一个职位上工作达3年，才能很好地掌握本职位所需要的关键能力，包括知识和经验的积累、技能的提高，才能熟悉本行业及本企业的业务流程；在一个企业工作至少达3年以上，才能对企业的经营管理现状及其战略、企业文化等诸多问题有较深入的了解，在此基础上，工作起来才会游刃有余、应付自如，人的潜能才会最大限度地释放出来。

清楚了职业生涯中会遇到哪些带有共性的危机，下面我们来探讨如何面对危机。让我们一起来看以下这个故事：

甲对乙说：“我要离开这个公司。我恨这个公司！”乙建议道：“我举双手赞成你报复！一定要给破公司点颜色看看。不过你现在离开，还不是最好的时机。”甲问：“为什么？”乙说：“如果你现在走，公司的损失并不大。你应该趁着在公司的机会，拼命去为自己拉一些客户，成为公司独当一面的人物，然后带着这些客户突然离开公司，公司才会受到重大损失。”甲觉得乙说得非常在理，于是努力工作。半年多以后，他有了许多的忠实客户。再见面时，乙问甲：“现在是时机了，要跳赶快行动哦！”甲淡然笑道：“老总跟我长谈过，准备升我做总经理助理，我暂时没有离开的打算了。”

这个故事说明了什么呢？它告诉我们，或许所有情况都在暗示我们发生了不可挽回的职业危机，但这并不一定表明我们必须用离职来解决问题。在很多情况下，我们往往只是在意识上走入了一个死胡同，思路打开了，问题就很好解决了。

那么应对危机通常都有哪些方法呢？

端正心态。作为一个合格的员工，必须具备良好的心态。做到这一点要从两方面抓起：一是责任心，必须有充分到位的责任心，这是做好工作、事业有所发展的基础。二是表现出那些被公司老板所赏识的并且无法替代的能力，在面对职场危机的时候，让包括老板在内的所有同事知道你有这些才能。

爱上工作、享受职业。这是战胜职业危机攻略中最高境界的一条。如何让自己真正爱上工作，享受工作呢？以下几条理念可以成为我们的努力方向。

- 敢想敢做。连想都不敢想，更别说做了。一个美好的理想是你成功的灯塔，它会指引你向着目标不停地追求、前进。

- 爱你所爱。排名世界第一的高尔夫球手老虎伍兹，认为他成功的关键是“热爱高尔夫”。球王贝利则说：“我把足球当作自己的生命。”由此可知，只有爱你所做，才可做你所爱，进而得你所要。

- 笑对工作。一个高绩效的单位就是每小时积累起来的欢笑声超过10分钟的单位，个人亦是如此。美好的过程才能产生美好的结果。

- 寻找工作创意。管理权威德鲁克说：“没有创新就是死亡。”创意的来源不仅在于专业深度的加强，更在于广泛的学习。

- 有明确的计划。在学习的时候应该清楚自己的目标，并制定具体可行的计划，这样可能比较费时费力，但能使你赢得最后胜利。

职场点睛

当出现职业危机时，我们首先要考虑到的是如何进行危机公关，也就是说我们应当找机会和老板坐下来谈一谈。只懂埋头苦干，不懂与人沟通，往往会错失许多机会，被他人误解。职场中面临被解雇、降级等危机的时候，你需要主动出击。沟通是解决危机的唯一途径。

凡事有最坏的打算，但要向最好的方向努力

凡事都应以最坏的打算置之死地而后生，然后积极去争取每个机会，哪怕是1%的机会。最后，争取到，最好。争取不到，也不要沮丧。

——李开复

中国有一句老话是“生于忧患，死于安乐”，意思是说人们在比较困苦的环境中因为容易催发奋斗的力量，反而能更好地生存，而在相对安乐的环境中，因为没有生存的压力，就容易产生懈怠心理，反而会为自己带来危难。这一句话也可以这样理解：人们如果时刻都有忧患意识，在完成事情过程中不敢有丝毫的懈怠，那么便能达到成功的目的，如果安于享受，抱着今朝有酒今朝醉的态度去生活，那么就有可能真的会招来失败了。

同时，成功又是创造主体主动争取来的，主动创造出来的，它绝非上苍的恩赐。机遇是珍贵而稀缺的，又是极易消逝的。你对它怠慢、冷落、漫不经心，它也不会向你伸出热情的手臂。守株待兔的人，常与机遇无缘；主动出击的人，易俘获机遇。这是普遍的法则。你若比一般人更显出主动、热情的话，机遇就会向你靠拢。机遇最喜爱善于进攻、有挑战性格的人，并乐意为其“效劳”。

培根指出：“智者所创造的机会，要比他所能找到的多。”

其实，在主动进取的人面前，机会完全是可以“创造”的。只是消极等待机会，这是一种侥幸心理。

一个机遇巨浪过来，有人乘浪头扶摇直上，有人仍旧停留在波浪的谷底。随着机遇的翻滚，人际之间，财富的多寡、身份的高低，不断发生变化。机遇每来一次，社会的面貌就改写一次。

一个强者，总能创造出成功的契机。因为强者总是以无所畏惧的姿态活跃于社会的各个层面，在不知不觉中就成了创造机会、发现机会、利用机会的专家。人不仅要把握机遇，更需千方百计，伸长触角，张大触须，创造机遇。走向成功的人，绝不是一个逍遥自在、没有任何压力的观光客，而是一个积极投入、持之以恒的参与者。善于制造机遇，并张开双臂迎来机会的人，最有希望与成功为伍。积极创造机遇，也正是现代人必须具备的人生态度。

所以，李开复认为，人是需要经历过一些挫折磨砺的，这样才能培养你的忧患意识，锻炼你积极进取的精神。

在 2005 年的跳槽官司发生后，李开复早就有了最坏的打算。因此，跳槽官司事件爆发时，虽然有很多的错误报道和误解，让他确实很难过。但是到了最后，当事实证明李开复没有错时，李开复很快能恢复平静，大家也不再谈论这件事情。

李开复说，要相信任何困难都可以渡过，后悔和担心是最不需要做的事情。

凡事都可以有最坏的打算，但一定要自己去争取机会。一些人已经形成了很强的“从众”心理，自己有想法不表达，时间久了甚至都不清楚自己的想法是什么了。他们每次都会习惯性地先问别人：“你怎么想？”而从不会问问自己：“我怎么看？”

“要改掉这个习惯，就要下定决心，对每一件小事都要表达自己的意见。”李开复说，“例如，在餐馆点什么菜，衣着打扮，周末上哪里去玩等等，都要把自己的意见表达出来；要让‘无所谓’这个词在自己的词汇里消失。同时，应鼓励多采用积极主动的讲话方式：‘试试看有没有其他的可能性。’‘我的感觉是……’‘我选择……’‘我要……’‘我情愿……’‘我决定……’等等。”

你努力了，就有了收获，如果你不主动去寻求解决，就不会有意外惊喜。努力了就会有所收获，不管是芝麻还是西瓜，这个并不重要，重要的是收获了，这也就够了……

不要坐等机遇上门，因为那是消极做法。屠格涅夫说：“等待的方法有两种，一种是什么事也不做地空等，另一种是一边等，一边把事情向前推动。”李开复在攻读博士学位时，将语音识别率从40%提高到80%。有老师认为他往后做的事，就是写好博士论文拿到学位。但李开复很清楚，第一步的成功只是机遇，而不是答案，“因为80%识别率绝不是最后最佳结果。而且，每个研究机构都在学习、使用我公开发表的研究成果，如果此时埋头写论文以求尽快毕业的话，别的学校或公司很快就会超过我。”李开复说。

所以，李开复不能停步。那时，他每周工作7天，每天工作16小时。识别率从80%提高到96%。李开复毕业之后，这个系统多年蝉联全美语音识别评比冠军。1988年被《商业周刊》评为“年度最重要发明之一”。

职场点睛

一个国家如果没有危机意识，这个国家迟早要灭亡；一个企业如果没有危机意识，迟早会垮掉关门；一个人如果没有危机意识，必会遭遇到不可预测的失败。所以凡事都要有最坏的打算，然后往最好的方向努力。人生漫漫，生命如车。在未来的人生道路上，你是自己的司机，你决定你前进的道路，你决定自己前行的方向。

做错事不要紧，重要的是虚心接受批评、吸取教训

勇于承认错误，主动接受批评，要避免错误的发生，而不是事后遮掩。

——李开复

对于批评的看法，李开复讲过这样一个故事，广为流传，以下为原文：

头发长了，太太催我去理发，还让我去XX理发店，找我姐姐推荐过的一个叫Gary的年轻理发师。一切听太太的安排。我下班后就径直到理发店找到了那位名叫Gary的小伙子。

Gary看到我，似乎有些惊讶：“你是李开复老师吗？”

“是的。”

“你知道吗？我买了你的书，读了两遍。下次，帮我签个名吧。”Gary有点儿兴奋。

“OK。”

“能问你一个问题吗？”

“你边剪边问吧。家里人还等着我用餐呢。”我拿掉眼镜，催他快开始。

“我如果和老板意见不合怎么办？”看来，这个问题已经困扰Gary很久了。

“你的老板是什么样的人？”我反问道。

“他人挺好的，对我也很赏识，只是最近有一件事，他当众批评我，让我非常生气。”

“那要看是什么事情。”

“老板批评我对顾客不够周到。”Gary 皱紧了眉头。

“他说得有道理吗？”

“也许我可以做得更好。但问题是，我是被洗头的小妹陷害的。她在背后说我坏话，以为我不知道……”Gary 怒气冲冲的样子。

聊了10几分钟，我大概明白了，他太关心他自己的工作，却没注意处理好人际关系。简单说就是人缘不好。我提醒他看看我在书中关于情商和团队合作的讲解。我还告诉他，其实他的老板挺好的，偶尔错怪他一次，也别老放在心上。

经过一番谈话，Gary 的心情好了许多。事后，李开复总结道，一个人有了过错并不可怕，只要我们能够诚恳地接受批评，认识到自己的错误并及时地加以改正就可以了。可怕的是讳疾忌医，不愿意接受别人的批评意见。就像上文中的理发师 Gary 那样，面对老板的批评怒气冲冲，觉得自己很无辜。如果任由这种心态发展下去，那么最终的结果就是由小错到大错，由大错到不可救药。

在很多时候，如果能有幸得到智者的批评，于我们而言是一件很荣耀的事情。我们设身处地地想一想就会明白，批评别人同样也需要很大的勇气，也要冒很大的风险。很多人在职场中受到批评时，总是习惯于反复纠缠、不断地为自己争辩，这是没有必要的。当然，如果我们确有冤情，被人误解的话，也可以找机会表白一下，但点到为止即可。

身在职场，我们要低调做人，特别是在面对批评时，我们要虚怀若谷，真诚地接受。如果我们只是表面上接受批评而内心里却并不认同，那么这就不是低调的心态。我们必须要从内心深处真正地认识到自己的错误并真心地加以改正，才会使批评的价值得到体现，才会使自己不断进步。

当然，我们面对客户的批评时，更是要虚心地接受才对。要知道，没有客户的批评，就没有我们的进步。我们必须要以客户的利益为重，想方设法地为客户创造价值，只有这样才能够实现双赢，我们才能够与客户和睦相处，实现共同发展。

比尔·盖茨曾经对公司所有员工说过：“客户的批评比赚钱更重要。从客户的批评中，我们可以更好地汲取失败的教训，将它转化为成功的动力。”

社会学家戴维斯说，放弃了自己对社会的责任，就意味着放弃了自身在这个社会中更好的生存机会。在工作中，我们每一个人都难免会犯错误。出现失误并不可怕，问题的关键在于我们要能够为自己的行为负责。然而，在实际工作中，很多人往往会因为面子问题或其他原因，经常是在问题发生之后，习惯于去指责别人、推卸责任。当然，他们也就因此而失去了本该属于自己的机会。

正确的做法是，我们应该低调一点，勇于承认自己的失误并诚恳地接受批评。这是每一个成功者必备的素质。

认真地对待批评，诚恳地接受批评，没有牢骚，没有不服气，没有太多不必要的解释，是职场低调做人的法则之一，它会成为你在职场中的另外一种重要的沟通方式，你会因此而受到老板的重视，并能够因为自己诚恳的态度而给老板留下良好的印象。

在受到上司批评时，你应把握以下几条原则：

● 认真对待批评

领导一般不会把批评、责训别人当成自己的乐趣。既然批评，尤其是训斥容易伤和气，那么他在提出批评时一定是慎之又慎的。而一旦批评了别人，就有一个权威问题和尊严问题。如果你把批评当耳旁风，我行我素，其效果也许比当面顶撞更糟。因为，你的眼里没有领导，让领导面子尽失。

● 切勿当面顶撞

公开场合受到不公正的批评、不应该的指责，会给自己造成被动。你可以一方面私下耐心去解释，另一方面，用行动证明自己，当面顶撞是最不明智的做法。既然是公开场合，你下不了台，反过来你如果当面顶撞也会使领导下不了台。

● 不要寻找替罪羊

不要试图争辩、迁怒他人或是矢口否认，以为事情能就此淡化。解释往往会被看成借口或否认。保持职业化吧。通用电气前任 CEO 韦尔奇因为离婚事件，其严重超标的离职补贴被曝光，形象也因而短暂受损。但是，面对批评他没有企图辩护或者转移公众视线，而是放弃了几乎所有的退休福利，从而挽救了自己的职业声誉。

● 承认局限性

倘若你遭到批评而又无法改变，请考虑换个思路。如果公开演讲并非你的强项，或许让别人来演示效果会更好。要懂得在适当的时候以适当的方式分派工作。雅虎公司的创始人几乎都是技术人员出身，缺乏将公司经营得风生水起的雄才大略。意识到这一点后，他们没有让那些个人主义的念头作祟，而是适时地退居幕后，把工作授权给他人完成。

李开复认为，一个积极主动的人还应该虚心听取他人的批评和意见。这也是一种进取心的体现。不能虚心接受别人的批评，并从中汲取教训，就不可能有更大的进步。

职场点睛

身在职场的我们，不可能一点错也不犯。谁都不敢保证在自己的职业生涯中不会挨老板的批评，问题的关键在于我们对待批评的态度是可以不同的。

在面对别人的批评时，低调温和的人往往会表现出自己的诚恳态度，而自以为是者则会把别人的批评当耳旁风，置若罔闻，我行我素，甚至当面顶撞，而这样的态度一定会成为你职场发展的阻力。

越不被人看好，越要证明给人看

我记得到谷歌的时候，很多人说这个人没有做过互联网，到底会不会做互联网。我到微软中国研究院的时候，会有人说这个人会不会在中国做事情。我觉得有能力的人是最会学习的，所以我有相当的信心。

——李开复

“别人越是怀疑我，我就越要证明给别人看。”常言道，世上无难事，只怕有心人，没有翻不过的山，也没有趟不过的河。只是因为不相信自己能力的人多了，世界上才有了“困难”这个词语。

林肯说过：“有些事人们之所以不去做，只是他们认为不可能。而许多不可能，只存在于人的想象之中。”有的人之所以不去做或做不成某些事，不是因为他没这个能力，也不是客观条件限制，而是他内心的自我想象首先限制了他，是他自己打败了自己。

李开复也认为，一些成功学研究大师分析许多人失败的原因，不是因为天时不利，也不是因为能力不济，而是因为自我心虚，自己成为自己成功的最大障碍。有的人缺乏自重感，总觉得自己这也不是，那也不行，对自己的身材、容貌不能自我接受。时常在人面前感到紧张、尴尬，一味地顺从他人，事情不成功总觉得自己笨，自我责备，自我嫌弃。

有的人缺乏自信心，怀疑自己的能力；有的人缺乏安全感，疑心太重，对他人的各种行动充满戒备；有的人缺乏胜任感，工作中缺乏运筹帷幄的气魄，甘心当配角；也有的人反其道而行之，为掩饰自己的缺点或短处，夸张地表现自己的长处或优点……这些人真正的敌人都是他们自己。

从 1997 年 10 月开始，美国司法部指控微软垄断操作系统，将浏览器软件与视窗操作系统捆绑销售，1998 年 11 月 5 日，美国联邦地区法院认定微软在个人电脑操作系统占据了垄断地位。当天，微软股票从 95．56 美元跌至 81．07 美元，1 天之内，拥有微软 15% 股权的盖茨身价缩水了 54 亿美元。

在中国，微软也背上了傲慢的恶名。1998 年，中国计算机硬件销售额上升了至少3成，软件销售额却下降了3成，这时候，比起“盗版”来，大家更是责怪“微软霸权”。

1998年夏天，李开复第一次来到北京组建研究院的时候，口袋里揣着微软公司雄心勃勃的计划：6年投资8000万美元，寻找到100个最杰出的研究人员。

这，就是李开复建立微软中国研究院的起点。

“8年前，大多数人都没有对在中国设立的研究院报有很大希望。我本人当时也对在中国做世界一流的技术、科研机构，持有很大的疑问。”2006年，在一次采访中，作为被李开复带到这里的第一位研究员沈向洋这样回忆。因为在此之前，还没有跨国公司的研究院在中国做出过优秀的研究成果。“最困难的地方在于人家需要很长时间才会觉得你行，我们需要证明自己。”

通过不断在国内外招收优秀的人才，努力做出和世界上一流的科研机构相媲美的工作成果，研究院上上下下都憋了一股劲。

李开复首先面临的是选址的工作。当时，北京市海淀区知春路上的微软办公室像个货栈，拥挤不堪，用吴士宏《逆风飞飏》里的话说，“办公区五颜六色的，到处堆得高高的。人们说话都是喊着，像是全世界都听得到。”后来，他们才搬到新的办公室——希格玛大厦去。

研究院设在希格玛大厦的6层，设计师当时还给李开复看了办公室的图纸，李开复搬进去的时候被吓到了，因为真正的办公室比图纸上大好多，旁边还设了专门的会议室。

很长一段时间，李开复像个陀螺一样忙碌着，但他的内心是安宁的、充实的。

从那时到今天，积聚在北京微软研究院里的这些年轻人，渐渐让全世界感到惊讶。微软中国研究院已经改名为微软亚洲研究院。聚集在希格玛大厦5层里的年轻人已经有400多人。如今世界上第一流的5种杂志上发表的论文，每100篇中有5篇是从这个研究院出去的，而这些人中的大部分来自中国的大学校园。

“宁可被事情打败，也胜于不战自败。被事情打败，只能证明自己实力不足，不战自败，不但否定了自己的能力，对勇气和信心都是一种严重的伤害。现在就拒绝相信世界上有我们不能做的事情。世上最伟大的事都是由人做出来的，而他们事先并不知道自己能够做到。虽然他们事先不知道，他们仍然前进，并且做到了。”李开复说。

职场点睛

越不被人看好，越应该证明自己。越是有人怀疑和挑衅的时候，就越是能给你一种力量。

如果一定要在乎别人的看法，也要去用行动来证明自己行，用行动去堵住他们的嘴巴。

面对他人的讥笑，要能够忍耐，以深厚的个人修养来冷静地处理。人的一生都会不时遇到嘲笑，而成大事者只有忍耐这些无谓的讥讽，才会取得真正的成功，才能真正笑到最后。只有大鹏才能忍受寒蝉的讥笑，也只有忍受了别人讥笑的鸟儿，才是真正能够扶摇直上九万里的大鹏！

遇到问题时千万不要消极应对

持有消极被动态度的人，事业还没有开始，自己就已经被击败。

——李开复

1 条章鱼的体重可以达 70 磅。但是，如此大的家伙，身体却非常柔软，柔软到几乎可以将自己塞进任何想去的地方。

章鱼没有脊椎，它们最喜欢做的事情，就是将自己的身体塞进海螺壳里躲起来，等到鱼虾游近，就咬断它们的头部，注入毒液，使其麻痹而死，然后美餐一顿。人类却有办法制服它。渔民掌握了章鱼的天性，他们将小瓶子用绳子串在一起沉入海底。章鱼一看见小瓶子，都争先恐后地往里钻，不论瓶子有多么小、多么窄。

这些在海洋里无往不胜的章鱼，成了瓶子里的囚徒，变成了渔民的猎物，变成人类餐桌上的美餐。是什么囚禁了章鱼？是瓶子吗？不，瓶子放在海里，瓶子不会走路，更不会去主动捕捉。囚禁了章鱼的是它们自己。

许多人的思想也如同章鱼，遇到苦恼、失意或诱惑的瓶子，就禁不住往里钻。

有人总结了职场中的几大消极应对方式。

- 知难而退。这类人原以为自己能轻而易举地解决某个问题，达到预期的目标。可是事情并没有自己想象的那样顺利，所谓好事多磨。当事情出现困难的时候，这类人就会惊惶失措，甚至落荒而逃。

- 害怕批评。一个人要想真正的获得成功不可能一帆风顺，其中不免要走一些冤枉路，甚至是错误的路。特别是那些尝试新鲜事物的人，更加容易犯错误，而犯错误必定会受到各方面的批评和指责。

- 不拨不动。这类人就和船一样，你不动他，他就会停在那里不知要干什么。因此具有这种心态的人做每一件事情都需要付出比别人更大的努力。他所做的每一件事情都是不得已而为之，也正是由于缺乏这种主动性，注定了他的努力或事倍功半，或好事多磨，工作和生活对他们来说成了一个沉重的负担。

● 消极抵抗。这类人有一个特点就是往往不敢直接而坦率地表达他们的情感。特别是在受到打击和挫折的时候，总是千方百计地回避正面冲突，并很努力地压抑自己的情感。因此这类人的真实心情往往以一种扭曲的形式被表达出来。

李开复认为消极被动的人和积极主动的人在很多方面都存在巨大差异。在给学生的信中他讲道，消极被动的人总是认为自己受环境和他人的左右，如果别人不指点，环境不改变，自己就只有消极地生活下去。

碰到问题的时候，消极被动的人总会找人帮着决定，环境不好的时候，他们就会怨天尤人。他们总是在等待命运安排或贵人相助。对一件事情，他们总认为是事情找上他们，自己无法主导或推动事情的进展。

消极的人允许或期望环境控制自己，喜欢一切听别人安排，但在这样的情况下，他不可能拥有控制自己命运的能力，也无法避免失败的厄运。

消极应对只能让你离成功越来越远，因为它有以下几种阻碍成功的特质。

● 丧失机会。一到关键时刻，消极心态便散布疑云迷雾，即使出现机会也看不清抓不到。

● 使希望破灭。消极心态者总是埋怨、责怪、指责别人，找借口，推卸责任。因丧失责任感而摧毁自信心，使希望泯灭。看不到将来的希望，也就激发不出任何动力。

- 限制潜能发挥。人不可能取得自己并不追求的成就。人不相信他能达到的成就，他便不会去争取。消极心态者不但想到世界最坏的一面，而且想到自己最坏的一面。他们不敢企求，成了自己潜能最大的敌人。

- 消耗掉90%的精力。消极的情绪容易恶性循环，变本加厉，使消极者日复一日在消极的境遇中挣扎。

有的员工从刚踏入职场就抱着一种“混日子”的心态，没有弄清楚自己适合做什么、应该做什么。当然这种盲目的选择定会令他觉得当前的工作毫无兴趣、枯燥乏味。由此而生的一连串问题接踵而至，本来是自己的本职工作没做好，就抱怨公司领导老是说他这不好那不好，嫉妒周围的同事。如碰上加班加点等情况，更是牢骚满腹，有甚者还将他人作为发泄的对象，工作上当然更谈不上进取了。

这些人认为工作不适合自己，在公司里他们遇到问题和困难就缩头缩尾，不去寻求解决的办法，而以各种形式来躲避；进而认为自己在工作中没有任何身份地位，得不到同事、上司的认同和尊重；不愿学习新的知识，而把心思放在如何贪玩好耍上等等，最终也只能以跳槽、被公司辞退收场。

当员工进入工作岗位后，首要的就是要不断钻研学习新知识，毕竟在学校里学的东西与在工作实际运用的知识有较大区别。遇到难题，要多思考、多请教，着力解决，达到精通业务，形成独有的核心竞争力。这也是向上走的最基本一步，而不要以为天上会掉馅饼。

当遇到职场失意、人生低谷时，要坚信自己的能力，把它看成是一个挑战自我、战胜自我的良机。从要害入手，抓住关键点，积极准备，坚持不懈，咸鱼翻身就是如此。

如何才能摆脱消极情绪呢？以下几个方法行之有效，建议一试。

● 效仿阿Q。鲁迅先生提出的精神胜利法，对应对职场上的很多纷争和压力十分有效，当遇到挫折心情不佳时，不妨阿Q一下，往往能够放松心情，让郁闷情绪烟消云散。

● 拥抱自然。让身心回归到大自然的怀抱，清新的空气、舒心的美景都能够让人神清气爽，将烦恼完全抛之脑后，从而恢复心理健康。

● 瑜伽冥想。以轻柔缓慢的动作增强肌肉的力量，在提高身体素质的同时全面调整心理状态，达到心平气和、气定神闲的精神状态。

● 饮食调理。补充维生素C能够平衡心理压力保持心理健康，富含维生素C的食物很多，包括番茄、花椰菜、菠菜、芝麻、各种水果等。

忧能伤身，在这个竞争压力如此之大的市场经济社会中，想要选择一份完全令自己满意的工作是很难的。既然无法选择所爱的，不如就爱自己所选择的吧。将心态放平和，时刻保持心理健康的状态，往往也就不会再多苦恼了。

职场点睛

每个人都有自己的“情绪周期”，有时职场人难免会陷入莫名的情绪低迷阶段。这时就应该先做些简单的工作，不要给自己增添过重的负担，可以在自己情绪高涨的时候处理那些棘手的问题，因为好心情能激发饱满的工作热情，促使人们增强信心，产生知难而上的挑战欲。

用感恩的心态理解挫折与失败

我要感谢这些挫败的经历。这也是每个人面对挫折时应该采取的态度。

——李开复

某次接受记者采访时，李开复提到自己遇到挫折的态度，用他的话来讲：我曾跌倒过许多次，从设计浏览器到做公共演讲，无所不包。其中，和微软的诉讼案曾让我陷入困境。有一段时间，我甚至觉得生活太不公平了，还妄想这样糟糕的事情根本未曾发生。如果可以，我希望抹去那段记忆。但后来，我的想法逐渐改变了。

李开复是怎样改变这种消极情绪的呢？以下是他的原话。

首先，我认识到，当你失去了所有选择的权利，事实上你仍然可以选择自己的态度。而我非但没有放弃，反而每天工作18个小时来搜集证据，看看有没有改变的可能，当我意识到某些东西已不可为，就不再费时。

其次，我开始辨别敌友。我看到一些人鼓足勇气站在我身边，也看到一些人不为人知的一面。所以，我不会在他们身上浪费时间。

最后，我学会了如何与压力打交道而不被它们击败。所有这些都成了我后来以及现在在新公司工作的一笔财富。

挫折未必是一件坏事，它可以让你吸取教训，以至于在同样的问题面前不犯同样的错误，可以让你掌握本领，让你以最快的速度取得更多的成功，从这一意义上说，挫折是否值得感激呢？

那些敢于去尝试的人一定是聪明人，他们不会输。因为他们会想，“即使不成功，我也能从中得到教训。”

“不要惩罚失败。”这是李开复的一句名言。

李开复喜欢看网球比赛，现在他最喜欢的网球运动员是塞尔维亚网球小将德约科维奇——一个在 2007 赛季创造了无数奇迹：赢得大师系列赛冠军、打入美网决赛，在蒙特利尔先后击败赛事的前 3 位种子选手，成为前 5 名中最年轻的选手，帮助塞尔维亚重返戴维斯杯世界组的运动员。

李开复喜欢他是因为他说过的一句话。在 2007 年 3 月的印第安维尔斯大师赛上，德约科维奇第一次闯入决赛却输给了拉斐尔·纳达尔。那个时候他说：“假如有人以为我现在感觉失望，那他可就猜错了。因为我的所有经验都是从失败中得到的。”

因为李开复也认为：“一个经历失败的人也已经向成功走了一大半的路。人生的一个经验都是学习的过程，人生的旅途并不止是最终点，最重要的是你怎么走，这个旅途是你的收获，你的每一个收获是你学到的东西，而每一个你的失去，每一个走错的路也都应该是你能够学习的教训，所以不要把任何的挫折当作惩罚，而应该把它当作一堂课，一个学习的过程。在最困难的时候我也曾因为挫折而觉得十分沮丧，如果不是我家人的支持，肯定会有更多这样的想法。”

李开复在博士生生涯里，成绩依然优秀。他用统计学做出的语音识别率大大地提高了，而博士论文发表在国际期刊上，让全美的科技界震惊。这样一个明星学生可以说在卡内基·梅隆里没有什么忧愁可言。然而，一次暑期课程让他经历了不小的挫折。1983 年暑假，李开复得到了暑期工的工作。

其任务就是教宾夕法尼亚州 60 个最聪明的高中生计算机课程。李开复自己对那段时光非常享受，每天忙碌地备课，还想出各种教学方法。但是，他领取薪水的那一瞬间看到学生的评语，才知道学生认为，“李老师的教学就像催眠曲！”这样的评价无疑使得李开复备受打击。

然而，李开复并没有气馁。他把失败当成了学习的机会，因此获得了成功。他在此后的生涯里，尤其是回到中国以后，做了上千场的演讲。这无疑得益于学生时代的练习。

“我们要用学习来累积经验,因为‘旅途本身就是收获’。”在一次访谈节目中，李开复细述了自己生活中的多次经验，都是从曾经经历的事情甚至“丑事”中吸取,从而做出新决定，取得新成就。

对于换工作，李开复说：“每换一次工作，你所失去的就是经验与熟悉，需要一切重来，肯定会有一段磨合期。但是别忘了，每换一次工作，你所得到的就是新的机会，新的学习，新的舞台。这一切你得到的将会弥补你所有失去的。”

所以，不要忧虑和浮躁。给自己足够的时间熟悉环境，除了工作方面之外，一定要建立一个完好的人际网，多认识些人，请他们一人给你一个“入职建议”，碰到问题最好能有几个“智囊”帮你出出主意。和老板的关系要处好，确认他对你的期望值和你能做的是一致的。

李开复说：“刚进入一个公司，你如果犯错，大家会原谅的，你如果问傻问题，大家也不会怪你的。所以，一定要把握好这段时间，把错都犯了，把傻问题都问了。”

西方有一则寓言，说的是一个年轻人向一个年长的智者请教智慧的秘诀。年轻人问：“智慧从哪里来？”智者说：“正确的选择。”年轻人又问：“正确的选择从哪里来？”智者说：“经验。”年轻人进一步追问：“经验从哪里来？”智者说：“错误的选择。”

这位智者的意思是说，每个人最初都很难做出正确的选择，但在一次又一次的错误选择中，如果能吸取足够的经验教训，他就能逐渐学会正确的选择方法，他也就自然成为一个有智慧的人。我们从失败中学习到的要远远超过我们从成功中学习到的。所以，不要畏惧失败。每一个失败不是惩罚，而是一个学习的经验。

职场点睛

职场中遇到挫折、失败在所难免。但不同的人对待挫折的态度是不同的：有的人很快就能从挫折中站起来，积极投身工作；有的人会自怨自艾，报怨自己怎么老是这么倒霉，为已经泼翻的牛奶哭泣却不曾想到要尽快调整；而有些人在遭遇挫折之后则会一蹶不振，一下子就把自己定义在失败之列，缺乏进取心。

职场受挫后，如果不能及时调整，使心理失衡，不仅影响自己的工作、生活，还严重影响人的健康，同时也给身边的人以负面影响。其实我们能从失败和挫折中得到的实在是太多，本应该对自己有机会失败充满感激。

第八章

学会适应不同环境，磨练不一样的自己

职场生活很现实，实践才是硬道理

做过的才真正明白。

——李开复

富兰克林冒着生命危险，在雷雨中做风筝实验，研制出了避雷针，被誉为电学之父。“只有鹦鹉才喋喋不休，而它永远也飞不高”，莱特兄弟正是用这种实干、勇于实践的精神坚持不懈地研究飞机，才让人们拥有了一种更方便更快捷的交通工具。

实践是检验理论的唯一标准。是实践，让历史的车轮滚滚向前，永不停滞。

李开复讲过，上高中时，许多学生会向老师提出“为什么？”“有什么用？”的问题，通常，老师给出的答案都是“不准问”。进入大学后，这些问题的答案应该是“不准不问”。在大学里，同学们应该懂得每一个学科的知识、理论、方法与具体的实践、应用结合起来，尤其是工科的学生更是如此。

有一句关于实践的谚语是这样说的：“我听到的会忘掉，我看到的能记住，我做过的才真正明白。”

在给学生的信中，李开复这样建议大家：无论学习何种专业、何种课程，如果能在学习中努力实践，做到融会贯通，我们就可以更深入地理解知识体系，可以牢牢地记住学过的知识。因此，我建议同学们多选些与实践相关的专业课。实践时，最好是几个同学合作，这样，既可以经过实践理解专业知识，也可以学会如何与人合作，培养团队精神。如果有机会在老师手下做些实际的项目，或者走出校门打工，只要不影响课业，这些做法都是值得鼓励的。外出打工或做项目时，不要只看重薪酬待遇（除非生活上确实有困难），有时候，即便待遇不满意，但有许多培训和实践的机会，也值得我们一试。

对于以上的观点，李开复举了一个计算机专业的例子。实践经验对于软件开发来说是必不可少的，因此微软公司希望应聘程序员的大学毕业生最好有 10 万行的编程经验。理由很简单：实践性的技术要在实践中提高。计算机归根结底是一门实践的学问，不动手是永远也学不会的。因此，最重要的不是在笔试中考高分，而是实践能力。但是，在与中国学生的交流过程中，李开复很惊讶地发现，中国某些学校计算机系的学生到了大三还不会编程。这些大学里的教学方法和课程的确需要更新。如果你不巧是在这样的学校中就读，那你就应该从打工、自学或上网的过程中寻求学习和实践的机会。

在被媒体问到在当今的经济危机形式下，大学生应如何面对？李开复如此答道，在职场寻找工作时，要适当降低自己的期望值，锻炼自己的实践能力，给自己一个合理的定位，并给自己做一个长期的职业规划。他说，经济危机这个低谷只是暂时的，而对自己的职业的长期规划和认识才是最必要的。

在任何一个领域，不采取行动的人，都不会获得成功。就连凶猛的老虎要想捕捉一只弱小的兔子，也必须全力以赴地行动。我们从许多杰出的成功者身上都可以找到某些成功的偶然性，但因为他们每个人能做得好，又体现了成功的必然性。如果他们没有付出比常人多几千倍、几万倍的行动，是不可能取得一个又一个成功的。

一个成功者想继续成功就得这么做，因为世上没有绝对的成功，只有不断地努力，才能不断地进步。成功是没有终点的，就像旅程中的一个个过程，必须一站一站往前走，一旦停在原地，不再努力，就不会看到最美的风景。

奥格·曼狄诺是美国一位成功的作家，他常常告诫自己："我要采取行动，我要采取行动，从今以后，我要一遍又一遍、每小时、每天都要重复这句话，一直等到这句话成为像我的呼吸习惯一样，而跟在它后面的行动，要像我眨眼睛那种本能一样。有了这句话，我就能够实现我成功的每一个行动，有了这句话，我就能够制约我的精神，迎接失败者躲避的每一次挑战。"

一个人想奔向自己的目标，追求自己的成功，现在就得立即行动，世上没有任何事情比下决心、立即行动更为重要，更有效果。因为人的一生，可以有所作为的时机只有一次，那就是现在。

一位哲人说过："只有希望而没有实现，只能在梦里收获；

只说不做，永远不会得到。”是的，愿望只是美丽的彩虹，只有行动才是浇灌果实的雨水。同样，再长的路一步步也能走完，再短的路不迈开双脚也无法到达。

职场点睛

理论，就像航船上的指南针，为我们指明了方向，只有去实践，才可能达到目的地；理论，是拉着风筝的线，只有去躬行，才会使风筝飞得更高更远。

“纸上得来终觉浅，绝知此事要躬行。”实践是成功的催化剂，让勇于实践的精神引领大家走向成功的殿堂。

培养自学能力，从举一反三到无师自通

走上工作岗位后，自学能力就显得更为重要了。

——李开复

李开复在哥伦比亚大学任助教时，曾有位中国学生的家长向他抱怨，质问哥伦比亚大学“到底在教些什么？”因为他的孩子读完了大二计算机系，居然连 Visi Calc 都不会用。”

当时李开复是这样回答的："电脑的发展日新月异。我们不能保证大学里所教的任何一项技术在5年以后仍然管用，我们也不能保证学生可以学会每一种技术和工具。我们能保证的是，你的孩子将学会思考，并掌握学习的方法，这样，无论5年以后出现什么样的新技术或新工具，你的孩子都能游刃有余。"

那位家长接着问："学最新的软件不是教育，那教育的本质究竟是什么呢？"李开复回答说："如果我们将学过的东西忘得一干二净，最后剩下来的东西就是教育的本质了。"

"如果我们将学过的东西忘得一干二净，最后剩下来的东西就是教育的本质了。"李开复当时说的这句话是教育家斯金纳的名言。对于什么是"剩下来的东西"，李开复这样解释："剩下来的东西"，指的是自学的能力，也就是举一反三或无师自通的能力。

微软公司曾做过一个统计：在每一名微软员工所掌握的知识内容里，只有大约10%是员工在过去的学习和工作中积累得到的，其他知识都是在加入微软后重新学习的。这一数据充分说明，从广泛意义上讲，任何人要想有所作为、有所建树，都离不开自学。

一位大学校长曾对他的毕业生说：大学毕业好比1碗净面，放上1勺炸酱便是炸酱面，放上几块排骨便是排骨面，放上几片肥肉便是大肉面。由谁来放这些东西呢？毕业后当然主要靠自己在实践中不断自学。一个人大学毕业所学到的知识，对于一生所应学习的知识来说犹如九牛一毛。

如果把知识比作金子的话，那么，自学能力便是点金术；如果把知识比作鱼的话，那么，自学能力便是捕鱼的本领。一个人即使没有上过大学，但如果他有自学的习惯和自学的能力，那么，他将来在工作上的成就绝不会比大学毕业生差。

相反，一个人即使读过大学，甚至留过洋，拜过名师，但如果他没有学会自学，没有刻苦钻研的习惯，那么，他便只会在老师所划定的圈子里转来转去，知识领域难以扩大，更不要说科学研究上有所发明、有所创造了。

在知识经济时代，学习能力尤其是创新学习的能力越来越受到人们的重视，被看作是一种必要的能力。真正的学习不仅是创新的基础，而且学习本身就是一种创新活动。因此，要注重培养自己的自学、创新学习能力，更新学习的观念，使被动的学习变成主动的学习、创新的学习。具体地说，在日常的自学学习生活中要着力培养以下几种能力：

- 主动阅读力。尽管各种视听技术蓬勃发展，但是文字阅读仍然是人们获得信息的重要手段。主动阅读能力，是自学能力的重要因素之一，是培养自学能力的第一关。

- 独立思考力。独立性，就是通常说的批判性，其特征是反对人云亦云。

● 自练自检自控力。知识在训练中掌握，能力在训练中提高。自我控制能力是指一个人对自身进行调节、控制的意志能力。自学能力的情意要素的优化与自学能力的智能要素的优化是相辅相成的。

● 能动的应变力。能动应变能力是自学能力结构中的一个重要的心理因素。能动，是指自觉努力，积极主动；应变，是指对付突然发生的情况，对付意料之外的问题。

● 发展创新思维力。想象是创造的源泉，没有想象，就没有创造。创造性的想象，是不断改变旧表象，创造新表象。

职场点睛

职业生涯，其实你很难预测到你将来真正要从事什么工作，将来所要从事的工作，是否跟你在大学里学的专业有关。大多数人，很有可能将来所做的工作，跟他当初所学的专业一点关系都没有。从22岁大学毕业在26岁之间这4年，重要的不是你做了什么，重要的是你在工作中养成了怎么样的工作习惯。

这个良好的工作习惯，指的是：学会如何用最快的时间接受新的事物，发现新事物的内在规律，比别人更短时间内掌握这些规律并且处理好它们。

学会根据自己的现实环境不断调整自己的状态

选择完整与均衡时，你必须首先弄清楚，你面临的事情是你能够影响到的，还是你根本无力改变的。

——李开复

有一个国家的居民习惯赤脚生活。国王因为养优处尊久了，很少赤脚外出了，结果在一次外出巡视中，被石子磨破了脚。国王很生气，于是他下令将全国的牛宰掉，用牛皮来铺路。结果，大臣们都很反对却又不知道怎么劝说国王放弃这个想法。

这天，有一个足智多谋的大臣送了一双精美的牛皮鞋给国王，国王穿上鞋子后在王宫的后花园里走了一圈，很舒服。

这位大臣对国王说："国王，您现在觉得穿这样一双鞋走路的感觉如何啊！"

国王说："很舒服，以后我要外出就不怕石子磨破我的脚了。"

大臣就趁机建议道："国王只要有牛皮鞋穿，看来就不必用牛皮铺路了。"

第二天，国王就下令不再宰杀全国的牛了，这样问题就解决了。很多时候，困境是环境造成的，而我们无力改变环境。但是，我们完全可以改变自己，通过改变自己来改变环境，为自己赢得一个全新的世界。

不要等到老了，再去健身锻炼；不要等到事情已经发生了，再想挽回补救，这样做的意义并不大。

李开复在适应环境做改变方面提到过这样一段，用务实去发挥影响。

选择完整与均衡时，你必须首先弄清楚，你面临的事情是你能够影响到的，还是你根本无力改变的。史蒂芬·柯维在其所著的《高效能人士的七个习惯》一书中，把所有值得关注的事情称为"关注圈"，把能够发挥影响的事情称为"影响圈"。

在整个关注圈中，根据自主程度的高低，人生面临的问题可分为3类：

可直接影响的问题：对于这种问题，解决之道在于用正确的态度执行。这是我们绝对做得到的，也是最核心的"影响圈"。

可间接影响的问题：有赖改进发挥影响力的方法来加以解决，如借助人际关系、团队合作和沟通能力来解决。这是最值得我们努力争取的"影响圈"。

无能为力的问题：需要以平和的态度和胸怀，接纳这些问题。纵使有再多不满，也要泰然处之，如此才不至于让问题征服了我们。

无论碰到任何问题，如果你认为“外在环境是造成问题的症结所在”，或者总是在埋怨“我真的无能为力”，那么，这种想法不但于事无补，而且会造成你消极悲观的心理状态。

事实上，碰到问题时，你只要耐心地将它分解开，看看哪些部分是你可以影响的，哪些部分是你可以关注但却无法影响的。然后，去努力争取那些可以“间接影响”的问题，让它们变成可“直接影响”的，同时把全部心力投入自己的影响圈——你可以在这样的过程中不断获得进步，这反过来又可以让你进一步扩大自己的影响圈。

有一位年轻人，整日埋怨环境不好而使自己平庸无才。一次，他听说深山寺庙里有一位高僧会移山之术，于是前往求教。

来到寺庙后，年轻人向高僧提出了学习移山之术的请求。高僧很爽快地答应说：“好吧，请随我来。”接着，高僧就带年轻人朝身体左侧的一座高山走去。翻过高山来到山下以后，高僧说：“年轻人，这座山刚才在我们的左侧，现在移到了我们的右侧，这就是我的移山之术。”年轻人迷惑不解，高僧进一步点拨：“客观环境有时难以如愿，但我们自己却是可以改变的。”

为了更好地适应环境，我们应该以一种积极的心态去改变自己，而不是逆来顺受。很多人以为，逆来顺受就是对环境的适应，这是绝对错误的想法。

对环境适应的最终目的是让自己变得更强，而逆来顺受只会让你成为环境当中最底层的弱者。当环境改变尤其是向坏的方向发展的时候，一方面我们不能逆来顺受当作什么也没有发生；另一方面，我们也不能怨天尤人让失望与愤怒冲昏头脑。正确的做法是以乐观的精神不断去适应新环境，同时也要面对新的机遇，在变化中寻找走向成功的机会。

优秀与平庸之间的差距就在于你对环境适应过程中的一秒钟上，在变化中适应，在适应中为自己搭建成功的云梯。

社会是一个大的群体，个人的力量与整个社会相比，永远是微不足道的。所以在适应环境的过程当中，每一个人一开始扮演的都是被动的角色。怎么样才能变得主动呢？答案就是学习与变化。

职场点睛

没有人生来就懂得和知道很多事情，每个有辉煌成就的人都是在不断适应中丰富和成长起来的。

适应不是一句轻飘飘的话，在适应的过程中肯定会有碰壁的疼痛和酸楚的泪水，也肯定有面对坎坷和荆棘的茫然与彷徨。在适应的过程中越挫越勇的人，最后才会赢得出色者应得的鲜花与微笑。最先适应环境的人必定是离成功最近的人。

一专多能，在不同的岗位上做到游刃有余

其实，从微软到谷歌，作为跨国公司在中国的高级管理者，我一直都在感受着来自各方面文化和价值观差异的冲突和碰撞，我深深体会到那种公司成长时的艰难，以及逐渐适应过程中的煎熬，同时也深深体会到每一点一滴成功的来之不易。有时候，那种扑面而来、毫无防备的价值文化冲撞，让人备感挣扎，尤其是那些倾诉无门的委屈和不被理解的孤独。但是，我相信，这一切的一切，都是事物发展过程中的必经之路。

——李开复

像李开复这种做技术的人，通常的发展轨迹就是因技术突出而受到上级关注，然后得到提升走上管理岗位。走上管理岗位的技术精英就不能把全部的精力放在技术上面了，对下级的技术工作进行监督指导仅仅是管理者工作的一部分，管理者更要具备一种“指哪儿打哪儿”的素质。也就是说，在上级的指挥下，你需要突破技术藩篱，向组织需要的方向发展。

1998 年，李开复到了中国组建微软中国研究院。随着工作的深入，他对中国的了解日渐增多，中国大陆翻天覆地的变化

引起了他的高度关注。意识到这个情况之后，李开复就在自己的述职报告中多次向微软总部强调中国市场的重要性，他认为当时微软在中国的销售在全球所占的比例微乎其微。但是，他的若干建议都没有引起微软高层的足够重视。

此外，一系列事件都让微软在中国的公众形象处于不利的地位。杜家滨、吴士宏、高群耀及唐骏等微软在华分公司的职业经理人都工作得十分被动，特别是吴士宏离开微软之后，出版了一本《逆风飞飏》，此书文风犀利，观点鲜明，字里行间都充满着对微软的不满。这样的言论无疑会在中国引起轩然大波，把微软的形象销毁殆尽。另外，微软公司内部，华人工程师也面临着不公平待遇。比如，微软美国公司里面印度人和华人的比例大约相等，但是印度裔的副总裁有6个，而华裔的副总裁一个都没有。如果比较总经理、总监、构架师，印度人和华人大约也是3：1的比例。微软总部的华人大都认为晋升存在“玻璃天花板”，自己的地位远远不及印度同仁，所以普遍士气低落。

李开复把这些看在眼里，急在心上。这当然不是李开复的工作范围，可是，他的微软中国研究院就在中国，如果微软对中国市场的重视程度不够，或者跟中国的关系不够好，他的研究院就很难顺利办下去。所以，于公于私，李开复必须想方设法去“管闲事”。

李开复专门组织微软总部工程师的定期聚会，不但自己参加，还请总裁鲍尔默亲自到场。活动经费是从李开复自己的弹性预算里拨出来的。这样的做法对中国员工士气的提高有一定的帮助。

李开复还尽一切努力把微软高层的注意力吸引到中国市场上来。2001 年底，微软在中国有史以来最大的政府采购中出局，不但收益上蒙受巨大损失，也使它在公众心目中的形象跌倒了谷底，在中国的舆论形象几乎降至冰点。更糟糕的是，微软在中国还遭遇了一次“外包危机”，中国媒体认为微软名义上把价值 1 亿的软件外包工作交给中国做，但实际上是交给了微软中国研究院，这几乎是把钱从左兜倒进了右兜，不仅是对中国软件企业的一次嘲弄，更是对中国市场的戏弄！这下可不得了，得罪了媒体，微软在中国几乎寸步难行。在这个关键的时刻，李开复挺身而出，从中斡旋，辗转费了好大的力气，才把原本外包给印度的部分业务转移到中国，终于化解了这次危机。

为了让总部更加重视中国市场，并且了解中国为什么如此重要，李开复写了一份题为《如何在中国成功》的长达 1.5 万字的报告，阐述跨国公司如何在中国取得成功。他还组织了微软 20 个副总裁到中国进行“深度游”，让他们亲身感受到中国正在发生的变化。这个时期的李开复，几乎已经从技术精英向“公关使者”过渡，成为一个微软对华的窗口了。

眼看着微软在中国的销售财务报表一次比一次难看，微软高管终于坐不住了。2003 年 3 月，比尔 · 盖茨亲自访问中国，李开复奉命陪同前往，真正担当起“公关使者”的角色。这次盖茨访华的主要目的就是改善微软与中国政府的关系，如何在中国媒体前树立一个良好的形象？李开复提心吊胆，辗转反侧。

在盖茨与某位对微软颇有微词的官员会面前，李开复特意提前到这位官员的办公室进行沟通。他们谈了1个小时，表达了希望之前发生的那些误会都能够冰消雪融的诚意，并说盖茨来到中国的目的就是为了能够与中国政府建立良好的关系。经过真诚的交谈，那位政府官员终于承诺不会在会面时让比尔·盖茨难堪。李开复更是连连点头承诺，一定会认真检讨微软大中华区的种种不当。

在李开复的悉心打点之下，这次访华算是圆满结束。他们受到的并非都是英雄般的礼遇，尴尬也时有出现，也遇到了中肯的批评。好在，李开复事先已经做好了比尔·盖茨的思想工作，比尔·盖茨自己也深知其中利害，对那些尴尬的境遇表现得非常有风度，总是在说“我们会自我检讨”“我们道歉”等等。他的谦和和大度给政府官员和媒体都留下很好的印象。可以说，这次成功的“公关”为微软的形象加分不少。

公关，当然不是李开复的专业，也不是任何技术型精英的专业，更多的技术型精英不善言辞，根本谈不上公关。可是，当你身居高位，面临种种棘手的情况，你必须挺身而出从全局着想为老板解围。这个时候，你不能被专业束缚了手脚，也不能被其他的困难吓怕，必须迎难而上。俗语说“赶鸭子上架”，哪怕你是那只倒霉的鸭子，遇到了这种事，也要顶住！无独有偶的是，同在微软、同是计算机专业出身的唐骏，也是由于出色的公关技能而得到公司的赏识，充当了微软与中国交往的桥梁。冲破技术藩篱，做组织需要的“救火队员”，对个人职业生涯的发展绝对是有利无害的。

职场点睛

从微软到谷歌，作为跨国公司在中国的高级管理者，李开复一直都在感受着来自各方面文化和价值观差异的冲突和碰撞。李开复说他深深体会到那种公司成长时的艰难，以及逐渐适应过程中的煎熬，同时也深深体会到每一点一滴成功的来之不易。但是他始终相信，这一切的一切，都是事物发展过程中的必经之路。

学会创新才有价值，创新要与工作并进

常常想到的创新，其实我认为更多的是发明，实际上我们真的想要看到的创新，并不仅仅是我有一个新的想法，这个想法应该是针对一些人的需要，也许是今天的需要，也许是未来的需要，而你做了这个东西给他，那么如何让发明有价值，就是应用。

——李开复

20世纪40年代，美国流传着一个小针孔造就百万富翁的故事：美国许多制糖公司把方糖运往南美洲时，都会因为方糖

在海运途中受潮而造成巨大损失。这些公司花了很多钱请专家研究，却一直未能解决问题。而一个在轮船上工作的工人受到轮船上有通风洞的启发，用最简单的方法解决了这一难题：在方糖包装盒的角落戳个通气孔，这样方糖就不会在海上运输时受潮了。

这个方法使各制糖公司减少了几千万美元的损失，而且不需要什么成本。这个工人专利意识十分强，他马上为该方法申请了专利保护。后来，他把这个专利卖给各大小制糖公司，成了百万富翁。

企业要发展壮大，一种商品要在市场上久盛不衰，不断创新是必须的。在如今的竞争之下，一个公司唯一可以延续的竞争优势就是它的创新。任何东西都可以很容易地被模仿，只有创新很难被模仿。而创新一旦被模仿，你唯一的办法就是继续创新。所以一批有生命力的能够持续创新的员工是唯一能够带给企业持续竞争力的财富。

李开复在一次电视栏目中这样谈创新：“需求是创新之母，袁隆平能够创造这么了不起的杂交水稻，就是基于他在 1960 年的时候，他看到了，经过了这个粮食饥荒。每一个创新者做创新之前，想一想你是为谁做的，有没有这个需求，你做出来能不能够创造价值。”

当有人问到其在美国的求学经历对于自己创新精神、商业运作、评估能力的影响时，李开复谈到：“那个时期的确起到了一定的作用，但如今中国的互联网形势给所有有创新意识的人带来了前所未有的机遇。”

在《做最好的自己》一书中，李开复这样描述创新。

很多人仅把创新理解为科学技术领域的创新。其实，创新有很多种。创新可以是一个新颖而有效的商业模式，可以是一种新的管理模式，也可以是文学艺术领域里一次开创性的实践，甚至可以是家居生活中的一个新鲜而有趣的创意，简单地说，创新就是在知识积累和生活、工作实践的基础上，由一个新颖的创意而产生的，对人们有用，同时又具备可行性的一种创造性活动。所以我们说，新颖、有用和有可行性是创新之所以为创新的三大要素。

在职场内，有创意、敢创新是一项市场竞争力，不少企业亦正走向创意工作的模式，不过员工如何培养职场的创新力呢？一般人对于新的事物都会产生不熟悉的恐惧感，虽然今日的办公室内，人人都说欢迎变革，但并不是要改变自己，因为员工们适应了目前企业的状况，习惯了舒适圈的环境，就比较难有创新力。

改变这种氛围，从自己做起，打破这种模式，才能从职场中崭露头角，让自己独一无二，从而具备不可替代的价值。

唐骏曾说过：“在我的职业生涯中，我没有过什么重大的创新，但是我在不断地进行创新。”无论早期的“卡拉 OK 计分器”“男女速配机”，还是在微软做程序员时对软件开发模式的创新，包括在很多中国式的管理理念“军乐团计划”，市场模式“春耕计划”，以及销售模式的“护航计划”的创新，创新就是一种意识、一种理念、一种习惯。

创新固然有价值，但是有用的创新才最管用。李开复曾经遇到这样一件事情。当他从中国回到微软总部后，发现刚接管的部门有一个项目存在方向上的偏差——开发团队并没有把用户摆在第一位，而只知道研究一些看上去很“酷”的技术——就毅然终止了该项目的研发。当时，有一位员工问他：“你怎么能够确定你自己的选择是对的？像 Windows 这样的产品也是在经历了 10 年左右的市场检验后才站稳脚跟的，你凭什么认定这个项目不会在未来收获惊喜呢？”

其实，李开复之所以能够快速抉择，主要还是因为在此前的工作中已经有了类似的教训：1996 年，李开复从苹果到了 SGI。当时，SGI 还没什么名气。当时李开复所在的部门做了一个很酷的三维浏览器，一方面可以有三维的动画，另一方面又有很好的网页的动漫，像今天的 flash。这两个客户群他们都舍不得放，最后做了一个很大的产品，试着满足两种用户的需求，但是产品失败了。

失败之后，CEO 找到李开复说：“开复，我无法支撑下去了，我们没钱了。”然后让李开复试着卖这个公司，连同 100 名员工。最后，好消息是买主找到了，坏消息是买主并没有提供工作。100 个人因为李开复这次错误失业了。

当时李开复觉得非常内疚，非常难过，甚至于心理进入一种抑郁的状态。产品的失败带来的巨大影响，造成的失业，使他觉得非常对不起员工。可是最后李开复站起来了，他回顾当时做这个三维浏览器的过程，这么酷的一个产品，为什么失败了？

最后终于有了答案。“失败的原因就是我们做科学，科学家出身，衡量每一件事都要看是不是用心，是不是很辛苦，是不是前人没有做过？如果是，就赶快来投资，但这只是做科学的方法。做产业辛不辛苦并不重要，重要的是有用。所以在这里我学到下一个启发，就是创新本身并不重要，有用的创新才重要。”李开复后来说。

创新必须是针对用户的，必须是有用的。做产品的管理，必须把用户放在第一位。正因为有了在 SGI 的惨痛经历，李开复 1998 年才把这个教训带入微软中国研究院的中国团队。

李开复说：“过去企业的创新活动并不难，造一个实验室，聘用优秀的专家，然后等着创意竞相迸发，实现企业盈利的增长。但现在不同了，创新源源不断，但并不都能经受市场的检验，因此重要的不是创新，而是有用的创新。”

在过去 10 年，微软的研究人员才华横溢，能在计算机科学最尖端领域自由驰骋。难免会倾向于通过主张自身的创意和发明来证明自己，但这些创意也许是脱离市场需求的。为了保证当前和未来的研究项目与产品创新的有效性，李开复采取了以下几种措施：

● 事后分析报告：鼓励各个开发小组写事后分析报告，不断总结成败得失；

● 非正式的会谈：在相同职务的人员之间极力搓合一些非正式会谈以鼓励知识共享；

● 运作过程审计：实施过程审计以帮助各组分析和解决问题；

● 正式的休假会：组织正式的休假会活动，届时有关重要人士就软件开发与质量控制的相关问题相互切磋；

● “自食其果”：开发小组将尽可能在自己的工作中使用该产品，如果性能太差，构造者和小组其他成员不得不“自食其果”。这一方面便于开发小组测试产品，另一方面又通过亲身体验，见顾客之所见，向相关小组不断反馈信息。

此外距离十分重要。微软将研究人员和业务经理置于一处，让他们更有效地把新技术运用到产品系列上。

我们虽然要创新，但不是为了创新而创新，而是为了做有用的事情而创新。我们如果回顾历史，可以看到许多成功的人才，他们有些创新，有些实践，有些左脑发达，有些右脑发达。但是那些真正对世界有重大贡献的人，他们不仅是创新者，也是实践者，比如说爱迪生，比尔·盖茨，都是很好的例子。一个真正的创新实践者每一次在创新的时候都忘不了实践，在实践的时候也忘不了创新。

职场点睛

创新要创新有用的东西，不过任何创造都是对知识的综合运用。创造性思维作为一种思维创新活动，必然要以知识的占有作为前提条件。没有丰富的知识作基础，思维就不可能产生联想。积累知识也是一个必要因素。

爱因斯坦说过，应当把发展独立思考和独立判断的一般能力放在首位。提高创新思维能力必须在思维实践中不迷信前人，不盲从已有的经验，不依赖已有的成果，独立地发现问题，思考问题，在独辟蹊径中找到解决问题的有效方法，才能在众人中脱颖而出。

该放弃时要懂得放弃

当新的机会摆在面前的时候，敢于放弃已经获得的一切，这需要相当大的勇气。

——李开复

曾经有人问一位企业家成功的秘诀是什么。企业家毫不犹豫地说：第一是坚持，第二是坚持，第三还是坚持。最后一句出人意料：第四是放弃。

该放弃的时候就要放弃！如果你确实努力再努力了，还不成功的话，那就不是你努力不够的原因，恐怕是努力方向以及你的才能是否匹配的事情了。这时候最明智的选择就是赶快放弃，及时调整。

李开复在成为职场传奇的路上，也经历过选择与放弃。在卡内基·梅隆大学教书时，李开复放弃了两年的年资而加入了苹果公司。虽然他一直把老师当作楷模，而且有幸任教于世界顶尖的计算机系，但这个工作大部分的时间投入到了如何获得终身职位、怎么样去发表论文等等。或许从不同的角度来看这些事本来都是好事，但李开复认为这些事情对社会的价值并不是那么直接，他希望去做一些直接有益于社会的事。所以，当苹果电脑的一位副总裁对他说“你要选择终身写些没有人读得懂的论文，还是要选择改变世界”时，李开复毫不犹豫地放弃了再干几年就可以得到的终生教授的职位，毅然决然地选择了进入苹果，改变世界。

而在走出微软、加入谷歌后，有许多记者问李开复：“在微软你有 7 年的人脉，有比尔·盖茨的信任，就这么放弃了，你不觉得可惜吗？”在李开复看来，上述这些都是很有价值的东西，但是比起回到中国再一次挑战的机会、比起梦想中的一个互联网时代创新模式、比起加入一个坚持自己理想和社会责任感的公司，李开复不为他所放弃的而后悔。就像他在《追随我心的抉择》一文中所说的：“我有选择的权利——我选择了谷歌。我选择了中国。我要做有影响力的事——在中国，我能更多地帮助中国青年，做最有影响力的事。我要成为最好的自己——在谷歌，我能经过学习新的创新模式，成为最好的自己。”

对于放弃，李开复这样评论：许多人都有的一个毛病就是不愿放弃已有的东西，不愿意开拓新的天地。其实，有些东西看起来值得珍惜，但这种眼前的利益往往是阻碍你获得更大成功的根源。当新的机会到来时，勇于放弃已经获得的东西并不是功亏一篑，更不是半途而废，是为了谋求新的发展空间。

如果你在适当的时候勇敢地——当然也应该是有智慧地——放弃已经拥有但可能成为前进障碍的东西，你多半会惊讶地发现：自己抛开的不过是一把虽能遮风挡雨，但又会阻碍视线的雨伞，自己因此而看到的却是无比广阔、无比壮丽的江山图景。

职场点睛

生命的过程，从某种意义上讲，就是不断选择与放弃的过程。放弃并不意味着我们不再努力，而是要专注于我们更感兴趣的东西，只有如此，才能一步一步走向更大的成功。

平衡自己的工作和生活

每个人都要有工作和私生活的平衡，过于努力地工作，把自己累坏了，把家庭关系弄坏了，这是非常不值得的。如果公司需要的话，我都会很好地工作。

——李开复

工作和爱人都是我们一生中不可或缺的。人的一生中不是在干这样的工作就需要干那项工作，总之，人的一生离不开工作，可以说是“生命不息，工作不止！”而另一方面，除非你选择了一个人孤独终生，否则，你总要和爱人一起走到人生的尽头，人的一生也离不开爱人。所以，即使是再大的老板，再有钱的富翁，都需要在家庭中担负起自己应尽的责任，寻找工作和生活的平衡点，这才像是一个成功人士。

在谷歌的时候，李开复的办公室出奇的朴素，小到好像一间秘书室，“我不讲究排场”他说。一位谷歌员工这样形容李开复最出格的形象：当时他刚连续飞了40多个小时也没有休息，头发乱乱的，胡子也来不及刮，几乎让人认不出来。而随后的变化更让她惊讶，当李开复在房间里稍事休整，出来时竟又变回西装革履的标准状态，精神焕发地说，“走吧，我们去活动现场。”

李开复认为，如果你想要成就感，工作压力就不得不承受。

但承受压力不代表一定要成为工作狂。

工作狂与热爱工作有什么不同呢？根据李开复的解释，一个热爱工作的人，不见得就是工作上瘾；相对的，一个工作上瘾的人，未必就是热爱工作。如果一个人不论吃饭、睡觉、读书、聊天、玩乐的时候，心里还无时无刻不想着工作，就可以肯定这个人是百分之百的工作狂。

所以工作狂与工作热情有本质的区别，前者并不一定能在工作中获得快乐，而只是拼命工作以求“尽善尽美”，工作中稍有差错便羞愧难当，焦虑万分，而且往往拒绝别人的帮助；而后者热爱工作，并能在工作中获得巨大的乐趣，出现失误也不懊丧不已，相反，却会聪明地修正错误，重整旗鼓，此外，还善于与同事配合、协作。因此在两者工作量大致相同时，后者的工作质量比前者高。

李开复不是“工作狂”，他成功地找到了工作和家庭之间的平衡点。工作之外，对李开复来说，家庭是同样重要的一部分。漂亮贤惠的妻子，两个活泼可爱的女儿，组成了李开复幸福的家。出任谷歌中国 CEO 之后，李开复便把全家人从美国接到北京安家落户。

李开复说：“我的工作是很忙。但是我一直认为家庭是第一的。我有很好的家庭，他们也理解我的工作是很忙的。所以我们有一些协定，我们协定不要等我回家吃晚饭，但是我还是回家吃饭，只是让家人先吃。我每天 8 点钟回家，还要有 1 个小时和孩子相处，我会每天送他们上床，讲故事给他们听，每个周末我都不会到办公室去，除非有紧急的状况，也就是说我把周末留给我的家庭。但是在周一到周五，我都是在工作。”

一边是任务繁重的工作，一边是恋恋不舍的家庭，能够成功将这两者都兼顾好的成功人士其实并不多。李开复在这方面做得很成功。对于教育孩子，他就有一套心得：“我深信，在正面鼓励、包容的环境下长大的孩子，更容易成为一个包容别人、积极向上的青年，所以我尽量用正面的方式来教导孩子。”

平时在家里，李开复和两个女儿打成一片，甚至“跟她们胡说八道，像朋友一样。这样她们更愿意跟我说心里话”。这样的方式，恰恰是中国家长比较缺乏的。“比较遗憾，很多中国的父母对孩子太严肃。”感慨之余，李开复总结经验，写了一封《给家长的信》，讲述怎样培养理智讲理的孩子、培养成功学习的孩子、培养自主独立的孩子、怎样做孩子的朋友……方方面面归纳下来，竟然写了八千多字。“我能做到最好的父母！”文末，李开复用鼓励学生的话鼓励中国的家长。

但是，好多人没有李开复那么幸运。他们一味追求事业、金钱，却淡忘了对自身健康的保护，他们是名副其实的“工作狂”。1999年5月4日，“中国火腿肠大王”、春都集团董事长高凤来，在实现了春都A股上市交易并从股市募集了4个亿后，心脏突然停止了跳动。2001年7月31日，啤酒业铁腕人物“拼命三郎”青岛啤酒集团老总彭作义猝逝。2004年更是CEO们的“黑色之年”：爱立信（中国）有限公司总裁杨迈、麦当劳公司全球董事长兼 CEO 吉姆 · 坎塔卢波等突然离世，无不在全球企业界引起震动。

在这个和平时代，不管你有多么成功，有多少财富，如果以牺牲健康、牺牲家庭为代价，看似成功，其实是失败。正如《圣经》上所说："人若赚得全世界，却赔上自己的生命，又有什么益处呢？"一个总经理，要想在事业上获得成功，要想带领公司走向辉煌，最基本的条件就是有一个健康的体魄与和谐的家庭生活。

职场点睛

不能过度消费自己的健康和过度损害自己的家庭和谐，相信那句话"过度索取，终究要还的"。身体是智能的载体，是事业的本钱；家庭是事业的基础，是成功的保障。对自己和家庭负责，就不应该成为"工作狂"。任何一个想成功的人都应该把提高自己的身体体质和搭建幸福和谐的家庭看作是一种事业成功的储备，绝对不能透支。

第九章

搞好人际关系，你是团队的重心

慎重结交同事盟友，跟聪明人在一起

聪明的人就像一个重力场，智商本身就相当于重力，聪明人与聪明人在一起，会变得更聪明，随之吸引的聪明人就越多，重力场也会变得越来越大。

——李开复

李开复信奉一点：聪明人愿意和聪明人一起工作。微软中国研究院刚开始创业的时候，李开复初期在美国招聘效果很不好，但是他没有放弃。经过多次沟通，在卡内基·梅隆的沈向洋终于答应回来，他是微软总部的研究员。他也找到了惠普实验室的主任研究员张宏江，他在多媒体检索方面可以说是“鼻祖”。

从北大和清华开始，李开复遍访中国的高校，做了无数场演讲，展示来自微软最酷的技术。李开复演示了聪明的语音识别技术：“我会说出一连串的英文，我的电脑会自动识别出这串英文并显示在电脑上。”李开复说。他们还演示了最新的三维技术，让观众看到他们可以为一个人建立一个三维模型，然后让这个模型或哭或笑。他们还演示了最新的计算机视觉，它能够在一个视频中找到人的脸和四肢。最神奇的一个演示，是李开复可以在电脑面前像乐队指挥那样指挥电脑，电脑经过摄像头捕捉视频，用计算机视觉算法识别手势，然后跟着节拍，奏出美丽的乐章。这些“科幻片”似的演示，让学生们惊叹不已。

最后，李开复会告诉他们：加入微软中国研究院，就可以参与这些新奇的研究项目。李开复当然希望这些演示让年轻人对未来的研究工作充满憧憬，更希望让他们发自内心地热爱科学、热爱创新、热爱这个世界上的各种奇迹。

当时李开复认为需要从海外带一些海归回来，因为当时中国的科研还比较落后，但是很多海归都不愿意跟李开复回来。然后，李开复觉得在中国需要招一些博士，但是当时的博士水平又不成熟，但是李开复还是执着地去找自己所有的朋友和他们的朋友，最后终于找到了张亚勤还有其他的一批优秀研究员，愿意跟他一起回到中国来。同时李开复在中国也找到了一批有潜力的博士，虽然他们的博士论文不够微软的水平，但是李开复破例收了他们，给他们两年的试用期，最后大部分也达到了公司的期望。

李开复给求职者说："我相信，微软的招牌绝对不会让优秀的人止步，因为我相信，凭借我在美国硅谷工作多年的习惯，微软中国研究院将带给大家的是一个宽松的环境、开放的平台以及丰厚的待遇。"

在中国，李开复继续深挖人才，四处寻找知名教授加盟的可能。王坚是浙江大学的教授，当时正为如何拒绝浙大提升他为"理学院院长"而发愁，他欣然接受了李开复的邀请，趁机离开了学校。黄昌宁是清华大学的教授，也是中国自然语言领域最著名的学者，1999 年 4 月，他成为了李开复团队中的一员。

另外，李开复不放弃任何一个机会，到处去翻名校的校友录，去查留学生的电子邮件“群”。在清华、北大、科大，李开复四处打听：“你们最杰出的校友是谁？当年编程最厉害的是哪一位？留学后论文做得最好的是谁？”

清华的朋友告诉李开复，有一个叫李劲的“邓摸头”，就是当年邓小平说“计算机要从娃娃抓起”时身旁的那个男孩，他后来到了美国，在夏普实验室工作。而中科大的朋友告诉李开复，他们成绩最好的是李世鹏，得过3次郭沫若奖学金，现在人在桑纳福实验室。李开复决心把他们都拉过来。很巧的是，这两个人最尊敬的人都是张亚勤，当他们听说张亚勤已经加入微软中国研究院，也就义无反顾地加入了。

1998年底到1999年，沈向洋、张宏江、黄昌宁、王坚、李世鹏、李劲、朱文武陆续加入微软中国研究院，给研究院不断注入新鲜的血液，也形成了研究院第一批管理团队。至此，李开复终于打造出了自己的梦想中的优秀团队。而正是如此多的“聪明人”汇集在一起，成就了那个时期事业的辉煌。

职场点睛

结交到好的朋友，不仅可以学得诸多做人的道理，而且可以在职场中乘风破浪。

无论你的目标是什么，都要计划跟那些比你更懂的人发展关系，把他们作为你努力的榜样，不断调整、改进自己的工作。

交际是平等的沟通。但是，因为我们有时紧张恐惧，或是心态没有端正，反而造成了不平等的沟通，结果沟通达不到理想的效果。要学会把自己想像成成功者，用成功者的方法和思维指导自己的行为模式，用平常的心态对待份量重的人，这样沟通才能成功。

用同理心争取人们的信任

只有在赢得他人信任的基础上，严于律己、宽以待人，才能真正获得他人的尊重和赞许。

——李开复

在谷歌公司的时候，有一次李开复曾经和他领导的5位经理开过一次坦诚的会议，因为李开复希望他们彼此能建立起更强的信任关系。于是李开复要求他们每个人都把自己心中对其他人有保留的地方坦诚地说出来。结果，有一位经理很惊讶地发现，其他四位经理都说，他们不太信任他。

一个星期后，李开复找来那位不被信任的经理，问他有什么计划来弥补这个问题。他却回答说：“他们都讲不出为什么不信任我，所以我觉得一定是因为我的经验丰富，他们因为嫉妒而不信任我，问题出在他们身上。”这时李开复对他说：“你怎么知道他们是毫无理由地不信任你呢？其实，我自己也不大信任你，我觉得理由主要有三点：你不在乎别人的意见；你总认为自己是对的；你总是表现得像个没有感情的人。现在，你为什么不去问问他们，他们是不是也这么评价你呢？”

后来李开复自己承认说：“其实，这位经理的业绩非常出色。我之所以这么说，是因为他不能站在别人的立场上考虑事情，这是一个很严重的问题，我必须‘点醒’他。我的批评令他受到了巨大的震撼，他很快就通过私下沟通的方式征求了另外几位经理的意见。几星期后，他彻底明白，这三点对他的前途极为不利。于是，他要求我帮他找一个教练，教导他如何克服这些问题。如今，他已经成为了一个出色的领导者，员工们也一致认为他的‘魅力’增加了许多。”

李开复曾说，没有同理心就没有彼此之间的信任，没有信任就没有顺利的人际交往，也就不可能在分工协作的现代社会取得成功。那么什么是“同理心”呢？对此李开复解释道：“同理心就是人们在日常生活中经常提到的设身处地、将心比心的做法。”“其实，同理心本身并不是什么新的想法。两千多年前的孔子早就说过‘己所不欲，勿施于人’；也就是说，具有同理心的人能够做到‘推己及人’。一方面，自己不喜欢的东西或者不愿意接受的待遇，千万不要施加给别人；另一方面，应根据自己的喜好推及他人喜欢的东西或愿意接受的待遇，并尽量与他人分享这些事物和待遇。”

上面例子中，那个不被信任的经理之所以不被领导与同事信任，最大的问题就在于他没有同理心，他不能站在别人的立场上考虑事情。李开复认为，其实信任关系是同理心的外在表现，在人际交往中，要想与他人建立信任关系，一定要具备同理心，并以此证明自己是值得信任的。

关于如何获得同理心并借此赢得他人的信任，李开复为我们提出了以下 6 点建议：

第一、我怎样对待别人，别人就怎样对待我。由此的推论就是，你想要别人怎样对待你，你就要拿出相同的态度对待别人。只有体察他人的意愿，乐于理解和帮助他人，他人才会支持你、帮助你、信任你。

第二、想要得到他人的理解，就要首先理解他人。人与人之间是相互的，当遇到不同的声音或不理解的事情的时候，首先应该站在对方的立场上去考虑问题，设想你是对方，你会怎样想、怎样做。只有将心比心，才能得到他人的理解。

第三、别人眼中的自己，才是真正的自己。从表面上看，没有人会比自己更了解自己了。但现实情况远非这么简单。在现代社会里，每个人都生存在他人的眼睛里，每个人都会在他人的眼中留下或清晰或模糊的影像，这些影像的总和代表了社会对你个人行为和能力的判断——无论你自己是否认可这样的判断，它们都会影响到你的工作和生活。从这个意义上说，“我”并不仅仅是我自己心中的那个“我”；相反，别人眼中的“我”，才是真正存在于芸芸众生之中的、具有现实意义的“我”。

第四、只有修正自己，才能修正别人。有句俗语说“你无法让一座大山来到你面前，但你可以走到那座大山面前去”。与人交往也是一样，如果你被别人误解，最好的方法不是修正别人，而是改变自己。

第五、真诚坦白的人，才是值得信任的人。

第六、真情流露的人，才能得到真情的回报。如果希望得到他人的信任，就必须让他人看到，自己是一个非常真诚和坦白的人。一个愿意把自己隐藏在内心深处的东西坦白地暴露给对方的人，一定会很轻易地走进对方的心灵深处。一个真诚的人对他所信任的人是不设防的，因为相互间的信任可以扫除沟通中的任何障碍。

职场点睛

建立信任可能要耗费非常多的时间，要付出很多实际的努力，但是，可能在很短的时间内、因为一次偶然的事件就失去了它。为了达到信任，我们要持续地投入时间、做那些能保持和建立信任的事情。如果失去了信任，我们则需要增加更多的投入才能将它一点一点弥补回来。

即使我不同意你的观点，也会支持你去做

我怎样对待别人，别人就怎样对待我。我替人着想，他人才会替我着想。

——李开复

我不同意你，但是我支持你。这句话体现的是一种尊重，它不仅仅是胸怀的表示，也是成功领导力里面最重要的一种。

李开复在读博士期间选择的研究方向是“语音识别”，师从博士生导师罗迪。罗迪教授鼓励李开复用专家统计的方法来研究语音识别，李开复也做出了一篇论文，一经发表，得到了很正面的回馈。但是李开复发现这个系统不能成为自己在该领域非常重要的成果。

李开复认为，还有更好的结果。多次摸索之后，李开复发现用统计的方法可能有更好的成果。这是李开复当时面临的一个十字路口。当李开复发现导师是错的时候，该怎么办？应该接受导师告诉自己的专家系统没错，还是委婉地问导师有没有其他可能，希望导师夸奖自己的方法？还是应该有建设性地告诉导师，自己不认为这条路走得通，应该走其他的路？

当时李开复勇敢地追随自己心里的感觉和一些用数据得来的答案，非常客气地私下向导师提出：“我不认为你的方法合适，

我希望走另外一条路。你说的语音识别，我很喜欢，但是你说的方法，我觉得行不通。我希望用统计学的方法去做。”

导师听完他的理由后，想了一下说 :“我不同意你，但是我支持你。”

这样的说法让李开复备受感动，成就了李开复博士论文的成功。他的论文当年被评为《商业周刊》最杰出创新。

这句话很多人可能觉得很奇怪，不同意为什么要支持？多年后，李开复的导师得到图灵奖接受记者采访时说 :“在科学的领域，我们要有胸怀，每个人都是站在同样的起点，都是同样的，所以我没有权力去否定其他人。如果开复认为这个方法是好的并且有激情去做，那么我与其否定他，逼他用我的方法做，不如支持他，因为他成功的概率和我是一样的。但是如果他要做他有激情并且认定的事情，他会花两倍三倍的时间去做，那么他也会成功的。”

导师给予李开复的支持并不仅仅是口头上的，还有经费、机器等，最后终于让李开复做出来了，李开复成功了。

后来，在导师帮助下，他真的成为这个领域的第一人。

领导者正是应该放权给最喜欢做这个事情的下属，而他在这个领域是最聪明的，那么你支持他，他就有了激情，可以做到最好。

“我记得伏尔泰曾经说过一句话，我不同意你，但是我用我的生命来捍卫你发表意见的权力。那只是一个言论自由的一句话，但我导师的这句话比言论自由更加重要。他是说，我不同意你，但是我不但捍卫你发言的权力，还支持你去做你想要做的事情。这种胸怀其实是一种引导，这是我在他身边学到的非常重要的一件事情，也是我未来在管理中常用到的一种方法。”

在中国，如果说平等、自由，听起来比较空，而且不太可信，李开复在中国用了更直接的一句话鼓动他的员工：“即使我不同意你的观点，但我却支持你去做。”在谷歌，李开复没有否定过任何一个项目，最多只是提一些建议。

在管理过程中，你要尊重每一个员工，但在经营过程中，你要尊重的人只有一个，那就是你的顾客。李开复始终把用户的利益摆在所有利益的最前面。时间会证明一切，用户将用自己的选择印证他所遵循的价值观。

在 2009 年新年寄语中，李开复表示，谷歌是一家有使命的公司，不是要在某个地区成为最大最强，而是要让网民获取信息、感知世界的触角不断延伸，让用户的每一次搜索都充满惊喜！李开复称，一直以来，巨大的商业诱惑摆在每一家搜索引擎面前。某些影响用户体验的广告模式也许可以换取眼前的利益，但他个人坚信，任何非客观的、受商业利益左右的搜索结果，最终都只会让网民失去对搜索引擎的信任。

职场点睛

渴求名望和尊重是人类所有动机中最强烈的动机，所以你一定要学会尊重他人。尤其是当你身为领导者时，一定要在企业里努力创造尊重人的文化。因为名望和尊重不应专属于公司的领导层，任何在各自职位上出类拔萃的人，都应该享有名望，在任何职位上都会出现明星员工。不论是默默无闻的打字员，还是业绩卓越的推销员，只要做出了业绩都应该得到认可。当然，并不是所有的人都渴望相同的名望，提拔也不是公司给予员工名望的唯一选择，一束鲜花，一封表扬信，都可以让员工备感温暖和尊重。

与人交往一定摒弃狂妄，学会谦虚

怎样成为21世纪的人才？首要条件是自信中不失谦虚，谦虚中不失自信。

——李开复

“我总能回忆起这件往事，所以被问到盖茨的特质，我第一个反应就是谦虚，或者说率真。”李开复说。但是，这位爱辩论的天才并非无往而不利。事实上，盖茨在40岁之后就开始隐藏自己天才的锋芒，完成这种退居幕后的转变并不容易。

李开复所记得的一个例子印证了盖茨当时转变的艰难："把CEO的位置让给鲍尔默后，有时盖茨听到鲍尔默的观点也并不同意，可他一次次忍住了就是没有站起来，他努力让自己从好胜变得谦和，这很难。"

自信不失谦虚，谦虚不失自信。

这是李开复的箴言。

吴晗的《说谦虚》一文，以人们熟悉的格言"谦受益，满招损"作为话题，从认识来自实践这一观点出发，通过正反论证，深入浅出地阐明了"谦虚使人进步，骄傲使人落后"这一论点。

杜拉斯是法国著名作家，同时她也是积极的参政者。1943年，她参与了一个反维护希特勒政权的集会。集会触痛了当时政府的软肋，所有参与运动的人，都受到警方的追捕，杜拉斯也准备暂避到小城格勒诺布尔。

火车包厢里还坐着3个人，一对母女和一个男人。男人叫布拉瑟，是法国的一个演员，他一眼就认出了杜拉斯。布拉瑟曾在报纸上抨击过杜拉斯的新作《无耻之徒》，说小说里充斥着恐惧和欲望，是对孩子神圣心灵的亵渎。在包厢里，布拉瑟仍不依不饶，大声阐明自己的观点，并对杜拉斯提出建议，希望她能改进。

杜拉斯并没有生气，微笑着说："很高兴您能仔细读完这本小说，我还以为没有人想看它呢。”她说完，对面的孩子笑了起来。杜拉斯说这是她独立完成的第二部小说，以后会继续写下去，希望布拉瑟先生能坚持给出中肯的意见。

杜拉斯的话，让布拉瑟对她刮目相看，他曾以为杜拉斯只是个爱出风头的姑娘。于是，他一改以前看不起她的态度，两人一见如故，在包厢里谈着见闻。

突然，两个军官冲进了包厢，要查看他们的身份证明，布拉瑟起身和军官寒暄，有个军官表示很喜欢他的表演，另一个军官似乎认出了杜拉斯，朝她望去。

“先生，这是我太太，请允许我介绍一下。”布拉瑟搂着杜拉斯朝军官说，两个军官犹豫了一会儿出去了，布拉瑟以法国人特有的浪漫帮杜拉斯渡过了困境。

有真才实学的人往往虚怀若谷，肯接受批评；而不学无术、一知半解的人，常常自以为是，骄傲自满。睿智的人，会在别人的批评声中找到出口；愚蠢的人，则在批评声中怨天尤人。谦虚谨慎的人，才会赢得尊重，在困境中得到帮助。

还有一个例子。

2008 年，美国总统大选如火如荼地进行着，两大党派针锋相对，奥巴马和麦凯恩被推到了政治的风口浪尖。

当两个候选人为了谁更合适当总统，争论得热火朝天时，有些人却在处心积虑地想找到让奥巴马颜面扫地的故事，想让他败在自己过去不良的行为上。

可是，奥巴马生活中谦虚谨慎，工作中公正称职，身边的人都喜欢他，他已经赢得了大量精英支持者，没有人站出来戳他的脊梁骨。于是他们就在奥巴马的一次违章停车上做起了文章，指责他不是个奉公守法的好市民，哪堪一国之重负？

此时，获诺贝尔奖的贝克教授站出来说："多数情形，人们犯规甚至犯法，并不是因为当事人很坏，是个坏蛋。相反，那完全是理性选择的结果。"

贝克教授用自己的权威成功为奥巴马解了围，让奥巴马很意外，因为他完全不认识贝克教授。接着，贝克教授对媒体讲了个故事：一天，奥巴马去纽约市主持一个会议，因为塞车眼看就要迟到了，和他一起到达停车场的是个老人，他们几乎同时看到了这个唯一的车位。

老人说："年轻人，你的工作更重要，你先停吧。"奥巴马将车退了出来，做了个手势让老人停了进去，"我没有什么重要的事情，还是您先吧。"这样为了开会不迟到，奥巴马就只有将车停在了外面并接受罚单。要说明的是，这个老人就是贝克教授。

如果奥巴马毫不谦虚地认为自己在做的事才是最重要的，

去争夺这个车位，那他就永远也得不到贝克教授的声援。也许，在不经意中，点滴所为就已经成为你成功的基石。

职场点睛

立足职场，光靠个人力量往往是不够的，再能干的人，也有束手无策的时候。一个好汉三个帮，好人缘能帮我们解决很多难题，而赢得好人缘最简单可行的办法就是谦虚。

谦虚能让你把危难的时刻变成逢生的契机，谦虚能使你在倏忽的机缘中成就毕生的理想。

由衷地尊重他人，为自己赢得追随者

真正有智慧的人识大局、知环境、认航向，尊重别人、善于共事。这样才能充分发挥才智，在为社会进步和科学、技术、企业、事业做出贡献的过程中达到卓越。

——李开复

“敬人者人恒敬之。”相互尊重是人际交往中的一个基本准则，它同样也适用于企业经营中的人际关系处理。

对于企业来说，生存和发展靠什么？排在首位的不是资本、制度，肯定是人——尊重人。人是企业运转的直接施力者，尊重人，人才能更情愿、更自觉、更好地施力。所以管理的秘诀之一就是尊重人，那么怎样做才算尊重员工，并达到预期的效果呢？

概括地说，尊重人应该是内容与形式的统一。在美国，成功的企业几乎都十分注重建立“尊重每一个人”的形象，他们不放弃任何一种可能的形式，甚至连语汇上也有所体现。在麦当劳公司，所有雇员称为“伙伴”，而不称员工。这些做法确实有潜移默化的作用。

尽管对研发和产品苛刻，一个故事则能反映李开复对下属的风格。

一次到印度出差，由于没有直飞，李开复从北京飞往香港，之后从香港飞班加罗尔。当他终于折腾了10几个小时在印度落地时，海关居然不让李开复入境。原因是助手忘记了给他申请签证。随即，李开复马上又被送上飞机原路返回。当助手得知由于自己的过失让老板折腾了20多个小时后，紧张地在电话里道歉，甚至内疚得快哭了。而李开复依然没有大发雷霆，只是严肃地提醒她下不为例。在之后的几天，助手因为心有余悸而提不起精神，而李开复用一个笑话轻轻地化解了这个问题。一次他在前往昆仑饭店开会前，灵机一动问迎面走来的助手说：“请问昆仑饭店的签证帮我申请了吗？”助手从开始的惊诧不已到后来的破涕为笑，这个心结也慢慢地被化解了。

“我可以确定地说，在谷歌这 3 年没在公司对员工发过脾气。但是有些网友可能也会对发脾气和对一件事情不满意有误解。我会对公司的一些事情、一些成果甚至一些员工有不满意的情况，但是我觉得人与人之间的相处是基于一个尊重，他是和你平等的。”李开复说。

当然，在企业的管理过程中，尊重人不仅需要形式，不只是口头说说这么简单。在李开复看来，一个好的管理者，更应该注重内容。

• 尊重人应该体现在对员工利益的真正关心上，有许多公司往往在企业不景气的时候仍然雇用全部员工，坚持充分就业，他们这样做无非是想让员工感受到“公司需要你”，因为没有任何事能比“公司需要自己”更能刺激员工产生高期望，从而尽量让自己表现得更优秀。

• 尊重人应努力创造人成其才的环境。许多成功企业都把对员工的培训作为“尊重人”的重要内容，因为培训能帮助员工自我完善和增长才干。培训员工不仅是考虑到企业的利益，而且是为了员工的自身利益，接受培训、提高素质、增长才干，将给职工带来更多成功的机会，这无疑是对员工真正的关心和爱护，是对员工“实实在在的尊重”。

• 尊重人应该表现在能容人之短，用人所长。企业家应该懂得，存在某种短处的人并不妨碍他在长处方面创造业绩。成功的企业不在于他找到了“十全十美”的员工，而在于他懂得如何用人所长，把既有所长又存在某种不足的员工，组合成一个有效的整体。

● 尊重人应该保持必要的原则性。尊重员工并不是对员工一味迁就和无原则的让步，相反，丧失原则，不仅损失企业利益，也损害员工的利益。

美国玛丽·凯化妆品公司的成功曾经被认为是个奇迹，这个公司的总裁玛丽·凯在谈到自己的成功经验时说：“我管理的金科玉律是：你们希望别人怎样对待你，你们就怎样对待别人。”她认为最重要的是要让员工感受到你在尊重他们，但在如何尊重这一点上，玛丽·凯却有自己的理解，她认为尊重人绝不应该是无原则的，对一个表现出明显缺点的员工，一味迁就和让步就等于毁了他，这时候，严厉和原则倒往往是一剂良药。

职场点睛

交际就像照镜子一样，你自己的表情和态度，可以从他人对你的表情和态度上看得清清楚楚。你若以诚待人，别人也会以诚待你；你若敌视别人，别人也会敌视你。最真挚的友情和最难解的仇恨都是由这“反射”原理逐步积累而成的。

真诚的人才能得到真情回报

做到真诚坦白会赢得别人的信任，但这还只是针对客观事物的态度，如果能够进一步地从主观感情出发，真正做到真情流露，用自己的激情感染他人，或者用自己的感情打动他人，那么，不但会得到他人的信任，而且会真正与他人建立起沟通心灵的桥梁。

——李开复

孔子认为：只有天下最真诚的人，才能充分发挥他的天性；能充分发挥他的天性，就能充分发挥众人的天性；能充分发挥众人的天性，就能充分发挥万事万物的天性；能充分发挥万事万物的天性，就可以帮助天地化育万物。

一个人只有真诚地对待一件事情，他才能做好这件事情；只有真诚地对待一个人，才能得到他的信任。如果我们能诚恳地称赞每一个人，能真诚地对待每一件事，能真诚地帮助每一个人，就可以在职场的人际交往中游刃有余了。

李开复认为真情流露应该是自发的、自然的、真诚的、不设防的，让感情毫无保留地经由言语、表情、体态呈现在他人面前。他说，如果你能够以真情打动他人，上司会信任你，下属会爱戴你，同事会把你当作搭档，朋友会把你当作伙伴，因为你的真情也会“反射性”地激起他人对你的真情。这种反射性的感情流露是有科学根据的。

科学证明，在一起交谈的两个人会慢慢达到同样的心理状态（喜怒哀乐）和生理状态（体温、心跳等）。不设防的、真心的情感流露会充分地证明你对别人的信任，同样，他们也会真心地信任你。

在职场生活中，如果你能真情流露，以诚待人，一定会得到同样的回报。

某单位招聘一位信息员。琼是本科大学中文毕业的高才生。一路过关斩将，最后只剩老总面试点头了。按理琼是十拿九稳会被录用的。但未料到，那位老总和琼交谈了几句，看了看她的简历，说："对不起，我们不能录用你。试想想，连自己的简历都保管不好的人，我们怎能放心把单位的工作交给你？"是琼那留有水渍，并显得皱巴巴的简历引起了老总的反感。原来，早上临出发时，走得急，一不小心碰翻了茶杯，沾湿了简历，再重新出一份已赶不及了。谁知问题就出在这里。这能怪谁呢？回家后，琼非常认真地用钢笔抄写了一份简历，并给那个单位的老总写了一封信，其中写道："贵公司是我心仪已久的单位。您对我的近乎苛刻的要求，正反映了贵公司在管理上的认真严谨、精益求精，这也是贵公司兴旺发达希望之所在。我一定铭记您的教诲，在今后的工作中尽心尽责，一丝不苟。"琼发自肺腑的话语，详略得当的简历，以及她那隽秀清丽的笔迹，使老总眼睛之一亮。最终，那家公司向她亮了绿灯。

当你真诚地对待别人和处理一件事情时，往往会遇到阻力。你真诚地对待一个人他不领情，这就是阻力。阻力的大小不是外界所决定的，而是由内在所决定的，因为对于你来说你认为它是阻力它就是，你认为它不是阻力它就不是。

翟均是一个性格十分内向的人，专科学校学的是计算机专业，很少和同学打交道。2007年大学毕业后，他找了几份工作，都在面试环节就被刷了下来，原因是自己不善言谈。“第一次是去一家经营保健品的公司面试，提前在朋友的帮助下准备了几个问题，在家练了几天，但是真正面试的时候自己因为紧张怎么也不能组织好语言，最后失败了。”他说。第二次面试是一家制药厂需要电脑维护人员，对社交谈吐要求不高，但是主考官问他的问题是毕业后他都在做什么工作。因为之前面试的失败，他这次按先前准备的背了一下自己的简历，结果主考官当场就打断了他的话。“你以前的工作既然都那么好，为什么没有坚持下去？真诚很重要。”面试官的话让他心里很难受。

“其实木讷的人最好的武器就是真诚。”翟均在经历过几次面试的失败后，终于悟出了这个道理。在1年时间的锻炼下，这次去保险公司面试时，当主考官问他毕业后的从业经历时，他很诚实地说了自己近3年来做过的工作，推销过化妆品、卖过卫生纸，甚至还炸过臭豆腐，其他面试者听了都在偷笑，但最后只有他通过了面试。后来，翟均和人力资源的经理聊过为什么自己能通过面试，经理说只是因为他最真诚。

不懂装懂的人是令人厌烦的，特别是在长辈、知识渊博的人面前，更不要班门弄斧，以免贻笑大方。对自己不懂的东西或学问，哪怕是在同辈面前，也要不耻下问。在长辈面前感到说话困难的原因是难以寻找共同的话题。与其如此，倒不如当对方说了自己不知道的事情后，就老老实实地请教说："那么，请教教我吧。"

李开复说，一个真诚的人对他所信任的人是不设防的，因为相互间的信任可以扫除沟通中的任何障碍。当你信任对方，敞开心扉的时候，对方反过来也会信任你，对你敞开心扉。因此，只要做一个真诚坦白的人，凡事言行合一、坦诚对人，不介意别人知道自己的缺点和动机，就能赢得他人的信任。

怎么样才能表现出足够的真诚呢？表现真诚的最好方法就是做一个真诚的人。没有什么能够掩饰真心和诚意。一个虚伪的人假装真诚，很容易就会被看穿，因为没有诚意的人不可能做到言行如一。

职场点睛

一个真诚坦白的人不但会展示自己的想法，也会毫无保留地展示自己的动机。当一个人有很强烈的想法，但是别人不知道他的动机时，双方很难建立起真正的信任关系。

一个真正懂得与他人相处的人，绝不会因场合或对象的变化而放弃自己的内在特质，盲目地迎合、随从别人。保持一个真实的自我并不等于要使自己与别人格格不入或标新立异，甚至明明知道自己错了或具有某种不良习惯而固执不改，而是保持自己区别于他人的独特、健康的个性。那些具有个性的人，也具备一定的魅力。

懂得快乐，学会赞美他人

如果希望交到真心的朋友，就要先用真心对待朋友，然后你会发现，朋友也开始真心对你；如果希望快乐，那就先设法为别人带去快乐，你会发现，不久自己也愈来愈快乐。

——李开复

一位疲惫的诗人去旅行，出发没多久，他就听到路边传来一阵悠扬的歌声。那是一个快乐男人的声音。他的歌声实在太快乐了，像秋天的天空一样晴朗，如夏天的泉水一样甘甜，任何人听到这样的歌声都会被感染。诗人驻足聆听。歌声停了下来，一个男人走了出来，他的微笑甚至比他的人更先出来。诗人从来没有见过一个人笑得这样灿烂，只有一个从来没有经历过艰难困苦的人，才能笑得这样灿烂，这样纯洁。

诗人上前问候："你好，先生，从你的笑容就能看得出来，你是一个与生俱来的乐天派，你的生命一尘不染，你既没有尝过风霜的侵袭，也没有受过失败的打击，烦恼和忧愁都没有叩过你的家门。"男人摇摇头："不，你错了，其实就在今天早晨，我还丢失了一匹马呢，那是我唯一的马。"

“最心爱的马都丢了，你还能唱得出来？”

“我当然要唱了，我已经失去了一匹好马，如果再失去一份好心情，我岂不是要蒙受双重的损失吗？”

李开复认为，要得到快乐，你需要幽默、乐观的想法和沟通。在所有的沟通中，“笑”的感染力是最大的。耶鲁大学的研究发现，“笑”的感染力超过了所有其他感情，人们总会反射式地以微笑来回报你的微笑，而开怀大笑更能迅速创造一个轻松的气氛，此外，幽默的笑也能促进相互信任，激发灵感。乐观、正面思考的力量是无穷的。

在给大学生的信中，李开复讲道 2004 年 2 月发生在云南大学的马加爵事件。马加爵残忍地杀害了自己的 4 名同学。但从马家爵被捕后与心理学家的对话内容看来，他应该不是一个邪恶的人，而是一个迷失方向、缺乏自信、性格封闭的孩子。他和很多大学生一样，迫切希望知道如何才能获得成功、自信和快乐。

李开复这样解释写那封信的目的：“我的这一封信是写给那些渴望成功但又觉得成功遥不可及，渴望自信却又总是自怨自艾，渴望快乐但又不知快乐为何物的学生看的。希望这封信能够带给读者一个关于成功的崭新定义，鼓励读者认识和肯定自己，做一个快乐的人。也希望这封信能够帮助读者理解成功、自信、快乐是一个良性循环：从成功里可以得到自信和快乐，从自信里可以得到快乐和成功，从快乐里可以得到成功和自信。”

让自己快乐，同时赞美别人让别人快乐，就会营造一个快乐场。快乐的人在职业生涯中会拥有更多的优势，一个生性快乐的人会拥有更多的机会。举个例子，你会喜欢你的同事是个每天愁眉苦脸的人吗？而如果办公室里每个人总能心情爽朗、面带笑容，谁都不否认上班会成为一件挺开心的事。因为每个人都会喜欢跟健康快乐的人做同事做朋友，如果每天与积极活泼、快乐开朗的人共事，你的心情也能被带动着跳跃起来，上班甚至都成了一种享受。

职场点睛

工作环境就类似于一个小丛林，员工就是生长在其中的各式各样的植物。这个丛林是一种共生环境，每个个人的生态都会对集体产生或多或少的影响，所以学会茁壮成长就要从心里防止自己染上枯萎的毛病。

一个人的职场价值＝机会＋快乐的个性＋健康的身体。其中快乐的个性更是无价之宝，有了快乐开朗的性格，你就不会轻易被困难所征服，而当大家机会类似的时候，也许就是这种快乐的心态能让你最终获胜。

第十章

立足长远，让自己不可或缺

打工是你大学时代的学习良机

打工是大学生学习的良机。我比较幸运，有比较多的打工经历。

——李开复

李开复读大学期间，靠家里资助差不多有两年时间，后来就没跟家里要过钱，靠自己打工挣钱完成了学业。据他回忆，刚开始打工时，什么也不会做，就只能去做家教，后来在计算机中心实习。到了暑假，也跟一些公司做计划写程序。

李开复的大学总共3个暑假，大一大二之间的那个暑假他在计算机中心打工，大二大三之间的那个暑假不是在法学院打工，就是在高盛打工。在高盛面试的时候，因为企业里有一些很敏感的信息，会用测谎机对面试者进行测试，他之前没有见识过测谎机，虽然自己没做过什么坏事，但还是有点紧张。

当时情形是这样的。

一开始，面试官问："你有没有酗酒？"

"没有。"

"有没有吸毒？"

“没有。”

“有没有盗用过公款？”

“没有。”

“有没有赌博？”

“没有。”

“确定没有吗？为什么你的心跳突然加速了？”

当时李开复想：桥牌算不算赌博？他确实有几次和同学玩桥牌时，下了小小的赌注。然后面试官继续追问：“你为什么心跳这么快？你一个礼拜输多少钱？ 1000？ 500？”

他赶紧解释说：“只是打桥牌时和同学玩玩。”

又被追问：“真的吗？请讲实话！”

当时李开复心中暗叹：真是太可惜了！难道我就因为打桥牌断送了这样一份很好的工作？没想到面试官最后却跟他说：“你的人品非常优秀，准备上班吧！”

原来，因为这个工作可以接触相当多的敏感数据（例如高盛即将推荐的那些股票），他们怕暑期工拿这些数据去发财，所以他们必须吓唬吓唬每个申请者，这样才能发现品行不好的应聘者。

在高盛期间，按照以往经验需要做一整天才可以完成的工作，李开复利用计算机程序，大概花 1 个小时就做完了。利用其余的时间，他在那里学了不少投资、管理方面的知识。

李开复说，回顾我的这些打工经历，几乎每一次都会留给我不同的感受和经验。但是，每次都会在不同程度上增进我对社会的了解。无论是成功的喜悦、失败的挫折、被拒绝的悲份、被夸奖的开心，都不知不觉让我调整着自己迈向社会的步伐。让我感知到，世界是如何看我的，世界需要我具备哪些素质，世界需要我进行哪些调整。

李开复认为，“暑期工”其实是大学里一个非常重要的“必修课”，在这样的必修课里，人们开始真正地接触挫折、感受成功，社会也开始用真正的尺子丈量你的价值，学生也能够提前对真正的打拼进行“热身”。暑期工，让大学生学会学校里很难学习的东西，比如，如何和同事交往，如何创造性地完成工作。这些经验，对未来的生活都是弥足珍贵的。

打工并不只是为了赚点零花钱。很多时候即使你赚不到什么钱，但是你的收获远比钱来得更多。经常去参加各类比赛是个不错的选择，虽然你没有获奖但是你的作品已经出来了。

如果你的本专业就是软件开发之类的，虽然你的作品可能上不到某个创新大赛，但是投稿给一些软件商城，用市场来检验一下你的成果，亦是不错的选择。

如果你是大四准备就业的，招聘会这种例行自然都是挤破了头。多关注运营商提供的一些消息，尤其是一些提供课程也提供岗位的机会，各种招聘网站都会看的你，也不缺这么一眼吧。全面撒网，重点打捞。

打工可以帮助我们在社会中认清自我，丰富阅历，不断成熟。在学校成绩优秀，自我感觉良好，而在社会中能否禁得起考验就难说了，打工为我们提供了一个演练场。

美国著名成人教育家卡耐基说过，未来的人才标准，交际能力占 75%，而学历只占 15%。凡是曾经有过打工经历的同学都知道，工作中融洽地与同事及领导相处在某种意义上比工作能力更重要，交际是一门大学问，而且是只可意会不可言传的，需要历练，历练的途径是工作，大学生的工作只有打工。

有人总结出最适合大学生打工的工种，可供参考。

家教

优点：轻松。不需要每天 8 个小时端坐；人际关系简单。只需面对家长和学生，少了同事更少了竞争；相对简单。学过的课程再次温习一遍，因为有过实践经验，更容易上手。

缺点：容易被克扣工资。

促销

优点:不要求工作经验,集中在节假日,薪水结算灵活迅速。

缺点：有被扣发工资的潜在风险，一些非正当工作也披着促销的外衣，要小心上当。

校对翻译

优点：薪水相对比较优厚，不用出校门熬几个通宵就可以有钱进袋（不包括口译），在收入之余还能提高外语水平（特指外语校对和翻译，一举两得。）

缺点：和促销一样，有被克扣工资的风险。

麦当劳和肯德基小时工

优点：工作时间灵活；薪水结算灵活；工作环境明亮动感；从中得到团队协作能力、沟通能力的锻炼。

缺点：每个小时 5.5 元工资太少，简单的体力劳动价值不高，只能短时间尝试。

导游

优点：具有相对的灵活性，想干就干，边挣钱边玩，工资比较高。

缺点：有遇到非正规公司而无法保证安全的危险。

职场点睛

当一个学生红着脸试着第一次敲开一扇陌生的大门去推销自己手中的商品的时候，我们可以说他已迈出了可喜的一大步。社会经验对一个即将就业的大学生来说是一笔非常重要的财富，每个学生从学校到社会都存在一个心理断层期，谁能尽快度过这个时期谁就能在竞争中占据优势。

省视自己，用真心增长你的智慧

你有选择的权力，只要用智慧做出正确的选择，你就能成为最好的你自己。

——李开复

一个青年，有一天在街角电话亭借用电话，他用条手帕盖着电话筒，然后说：“是王公馆吗？我是打电话来应征做园丁工作的，我有很丰富的经验，相信一定可以胜任。”电话的接线生说：“先生，恐怕你弄错了，我家主人对现在聘用的园丁非常满意，主人说园丁是一位尽责、热心和勤奋的人，所以我们这儿并没有园丁的空缺。”

青年听罢便有礼貌地说：“对不起，可能是我弄错了。”跟着便挂了电话。

电话亭的老板听了青年人的话，便说：“青年人，你想找园丁工作吗？我的亲戚正要请人，你有兴趣吗？”

青年人说：“多谢你的好意，其实我就是王公馆的园丁，我刚才打的电话，是用以自我检查，确定自己的表现是否合乎主人的标准而已。”

李开复强调的最特殊的一个成功之道即是，追随内心。这个内心的前提其实要是一颗真心。用他的话来讲：最后一个可以帮助你做出正确抉择的“智囊”就是你内心深处的价值观、理想和兴趣了。这三者共同构成了我们内心深处最为真实的声音。

关于如何找到自己的“真心”，李开复“发明”了一个在他看来行之有效的办法——“报纸头条测试法”。也就是说，面对某一件事在感到不知所措的时候，李开复会用一个特别的“报纸头条测试法”来检验自己的言行。李开复介绍，所谓“报纸头条测试法”，就是在事后想一想：明天，如果在一份你的亲朋好友都会阅读的报纸上，你做的事被刊登为头条新闻，你会不会因此而感到羞愧？会不会无法面对自己的良心？如果不会，你做的事才对得起你自己的价值观。

那么李开复是如何使用“报纸头条测试法”来发现自己内心真实的声音呢？我们一起来看下面的例子。

李开复在苹果公司工作时遇到了公司裁员，他必须要从两个员工中裁掉一位。其中一位是李开复的师兄，这位师兄 10 多年前写的论文非常出色，但加入公司后很是孤僻、固执，而且工作不努力，没有太多业绩。李开复的师兄知道自己面临被裁掉的危机后，就请他与李开复共同的老师向李开复说情，希望李开复顾念同窗之谊，放他一马。

另一位面临被裁的是刚加入公司两个月的新员工，还没有时间表现，但李开复认为他应该是一位有潜力的员工。面临这个选择，李开复内心“公正”和“负责”的价值观告诉他应该裁掉自己的师兄，但他的“怜悯心”和“知恩图报”的观念却告诉他不应该裁掉师兄。左右为难，怎么办呢？李开复用了他发明的“报纸头条测试法”。李开复设想:在明天的报纸头条上，以下两个关于我的消息，我希望看到哪一个呢：

一、徇私的李开复，裁掉了无辜的员工；

二、冷酷的李开复，裁掉了同窗的师兄。

李开复说，虽然他不愿意看到这两个“头条消息”中的任何一条，但相比之下，前者给他的打击更大，因为它违背了李开复最基本的诚信原则。如果违背了诚信原则，那么李开复觉得他既没有颜面见到公司的领导，也没有资格再做职业经理人了。

于是，李开复裁掉了师兄，然后告诉这位师兄，今后如果有任何需要他的地方，他都会尽力帮忙。

事后李开复说，裁掉师兄这件事对他来说是一个痛苦的经历，它违背了李开复内心很强烈的“怜悯心”和“知恩图报”的价值观。但是，“公正”和“负责”的价值观对他而言更崇高、更重要。那才是他内心深处更为真实的声音，也是他更需要坚持的原则。

职场点睛

很多朋友常抱怨被老板“对人不对事”地否定了，特别是自以为自己干得还不错的时候。那么为什么不先花些时间，以冷眼旁观的心态看看自己？这个就跟照镜子一样，要从旁观的角度来看自己，就跟自己平时看别人一样，把自己当成一个平时你也看不太惯的人分析一下，到时候就能明白。

反思别人的失败，用别人的教训照亮自己的前程

凡是想做大事情的人，就一定要学会少摔跟头，从看别人摔跟头

那儿来吸取教训。我也建议我们独当一面的同事或做大参谋的同事，应该对历史的东西感兴趣，这种历史不仅是中国历史，还包括其他公司的成长史、自传等，而且要能跟我们自己的实际相结合，更要学习身边发生的事情，进行分析。

——李开复

李开复曾经给人们说起这样一则笑话：

以前，一个卖草帽的商人，日复一日地在卖草帽，工作很艰辛，有一天因为特别累，在一个林子里的一棵大树下小坐休息，不知不觉间打了个盹。

他醒过来，发现自己的草帽不见了，他四处找，看到原来所有的帽子都被树上的猴子拿去玩耍了。他突然想起，猴子喜欢模仿人的动作，于是便把自己头上的帽子扔到地上，果然，众猴们都把草帽扔到了地上，他轻而易举地就拿回了本属于自己的草帽。

他回家后把这件事讲给了自己的儿子，等儿子有了儿子，他又把自己这个有趣的事讲给了孙子。

他的孙子，继承了祖业。有一天，由于太累，同样，在林子的大树下睡着了。等醒来的时候，猴子也是把草帽拿去了。他想起了爷爷给他讲的事，就把自己头上的帽子丢到了地上，可效果却完全不一样，在他把帽子丢在地上后，猴子们却没有丢下草帽，而是一只大猴子从树上跳下来把他的帽子捡起来了。

那只大猴子还说：就你有爷爷吗？

李开复用这个故事告诉我们，小猴子正是吸取了他们爷爷的教训所以才不会上人的当。其实在现实生活中把别人的教训作为自己的经验就是这样一个道理。泰戈尔的哲理诗中有句名言：“当你把所有的错误都关在门外，真理也就被拒绝了。”这话意味深长且发人深省，向世人揭示出错误与失败也有不菲的价值。著名企业家马云这样描述花时间去学习别人失败的经验：“这个没什么好评论的，我认为，等你什么时候能看别人惨败的经验，看得一身冷汗，你就离成功不远了。学习、吸收可以帮我们节省很多时间、精力。”

《羊皮卷全书》中说：世界上有3种人，第一种人能够从别人的经历中吸取教训，他们是快乐的；第二种人是能够从自己的经历中吸取教训，他们是聪明的；第三种人是既不能从别人的经历中吸取教训也不能从自己的经历中吸取教训，他们是愚蠢的。

我们要力争做第一种人，吸取别人失败的教训，把别人失败的教训转为自己的财富，从吸取成功者失败的教训中增长自己的智慧。因为成功者的教训也是用血汗换来的，有的还是付出了相当大的代价。你吸取了他们的教训，在实现人生目标的征途中，就不会付出那样的代价了，就可以大大节省你成功的时间和成本，让自己少走好多的冤枉路。

说到总结别人的教训，李开复还曾说过这样一个例子：

在美国，有个叫道密尔的企业家，专买濒临破产的企业，而这些企业在他手中，又一个个起死回生。有人问：“你为什么总爱买一些失败的企业来经营？”道密尔回答：“别人经营失败了，接过来就容易找到它失败的原因，只要把缺点改过来，自然会赚钱，这比自己从头干省力多了。”道密尔的聪明之处就是在于他懂得失败价更高，别人不行的，他行，别人跨越不了的，他能跨越，把别人的失败变成了自己的财富。

李开复说，反思别人的经验教训是一种后天可培养的归纳能力。反思就是寻找规律，使道路清晰，使“是非”明了。善于反思的人可以准确地分析自己的优点和缺点，理解自己何以成功何以失败，并且在日后的工作和生活中利用自己的优点，避免再走失败之路。

更为重要的是，反思可以使我们不必重复别人做过的事情，不必犯别人犯过的错误。重复犯错误是这个时代的人们普遍存在的问题，重复使资源配置趋于无效，使劳动的价值归零，使智慧无用武之地。

既然反思是必须的能力，那么，怎样去反思呢？我们特别要注意从实际出发，另外一点就是我们要一眼看到底。怎么能看到底呢？就要多问几个为什么，把“为什么”一层层地问，往下问，就能够把事情看得更透。

所以，无论面对自己还是别人的失败，需要的是沉着冷静，理性对待；以失败为借鉴，找出失败的原因，跨过去，便是成功。

一个人，要学会用别人的失败，成就你的成功。

职场点睛

反省也是对别人的经验教训的思考和总结。个人的经验教训虽然来得更直接、更真切，但其广度和深度毕竟是有限的。要获得更加广博而深刻的经验，还要在反省自身的基础上，善于从别人的经验教训中学习。成本最低的财富是把别人的教训当作自己的教训，取得同样的成功、避免同样的失误。

未来的成功更需要高情商

领导能力中最重要的是所谓的情商。

——李开复

智商反映人的智慧水平，情商则反映了人在情感、情绪方面的自控和协调能力。在高新技术企业中，大家都知道智慧的重要，但是情商的重要性甚至超过了智商。

有一篇文章，该文的作者调查了 188 家公司，他用心理学方法测试了这些公司里每一名员工的智商和情商，并将测试结果和该员工在工作上的表现联系在一起进行分析。经过研究，该文的作者发现，在对个人工作业绩的影响方面，情商的影响力是智商的两倍。

此外，他还专门对公司中的高级管理者进行了分析。他发现在高级管理者中，情商对于个人成败的影响力是智商的9倍。这说明，智商略逊他人的人如果拥有更高的情商指数，也一样可以获得成功；反之，智商很高，但情商不足的人欠缺“领导能力”，很难成为一个成功的领导。

李开复认为，在现代社会，如果你只知道智商而不晓得情商的话，你至少在意识上已经落伍了。许多心理学家早已明确地指出，单单使用智商的标准考察一个人在才智方面的表现，并不足以准确预测这个人在事业上可能取得的成就。为了全面考察个人能力，特别是考察个人在社会生活中的适应能力和创造能力，心理学家们提出了情商的概念。

情商主要是指那些与认识自我、控制情绪、激励自己以及处理人际关系等相关的个人能力。在情商所描述的各项能力因素中，自觉、同理心、自律和人际关系是4种对现代人的事业成败起决定性作用的关键因素。智商是先天赋予的，但是情商是可以培养的。多花功夫理解和应用这4种情商的关键因素。

80%情商+15%智商+5%逆商(逆向思维能力)=成功人士。

在人成功的要素中，智力因素（或称为“智商”）只占不到20%，而其它非智力因素其中主要是情绪智力(或称为“情商”）因素却超过了80%。

“情商”作为一种智慧，它包括对于人生价值和意义深刻理解，对自我的人生目标的知晓；对人生战略的总体把握，对内心矛盾和冲突的克服技巧；对于驾驭者与被驾驭对象之间关系的智慧，对转变环境的智慧，对在顺境中和在逆境中取胜的智慧。

科学研究表明：当一个人处于愤怒、焦急、与人疏远、沮丧的状态时，他们的工作就做不好。当你情绪不好时，你的思路就会不清晰，吸收信息也会不全面，理解问题也不够透彻，也不能给出适当的反应。原因就是令人心烦的情绪意味着给大脑发出一个信号：将注意力集中到令你烦恼的事上去，并且采取行动试图改变它。

当你全神贯注地处理这件事时，你有效处理信息的能力就减弱了。而当这种情况发生在一个团队中时，就会变得更危险，团队的机能就会失调。

美国心理学家奥列弗·温德尔·荷尔姆斯运用情商概念，对美国历史上诸位总统进行了一番测试。他认为，富兰克林·罗斯福总统是个二流智商、一流情商的政治家，由此被公认为美国历史上一个卓越的领导人。而尼克松总统拥有一流智慧，但情绪能力一团糟，故而黯然下台。

如何挑选那些具有不折不挠素质的应聘人员成了公司保持

活力的关键。老总们四处寻访后找来了宾夕法尼亚大学心理学家马丁·赛利格曼。赛利格曼根据多年研究发表了他的“乐观成功理论”。该理论认为，一个具有自信和乐观精神的人往往比缺乏自信或悲观失望的人更容易取得成功，尽管两者上智能上相差无几。

为什么高“情商”能给人带来成功?

成功是人的某种愿望的实现。人是否真正了解和努力坚持实现自己的愿望，不被各种互相冲突的目标所困扰，是人的愿望能否实现的关键。高“情商”的人恰恰具备了这样的条件。

高“情商”强调整体思维和辩证思维，强调驾驭自己，控制情绪对认识的作用，运用思想对情感的作用，从而协调二者的关系以争取成功。这是一种很深刻的智慧。

情商并不是一种抽象的理论，也不仅仅是一种品质。它包括：

- 认识自身情绪的能力。戈尔曼认为，认识自身情绪是情商的基础，这种随时认知感觉的能力，对了解自己非常重要。

- 妥善管理情绪的能力。情绪管理必定建立在自我认知的基础上，通过自我调节，达到自我安慰，摆脱焦虑灰暗或不安的目的。

• 自我激励的能力。无论是要集中注意力，还是发挥创造力，将情绪专注于一项目标是绝对必要的，成就任何事情都要靠情感的自制力，保持高度热忱是一切成就的动力。

• 认知他人情绪的能力。即善解人意，并由此与不同性格、类型的人平安相处、愉快合作，这是基本的人际交往技巧。

• 人际关系的管理能力。人际关系是一门管理他人情绪的艺术，能否细微地关注、恰当地对待他人的情绪，往往与个人的人际和谐程度、领导能力有关。

职场点睛

在未来社会，不仅要会做事，更要会做人。一个人在不断提高自身能力的同时，还应不断提高自己的情商，否则，“身怀绝技”也难免“碰壁”。当今社会，在高素质人才“走俏”的同时，情商指数低下的人将“滞销”。

成功的价值在于你留下多少，而不是你拥有多少

中国传统文化提倡“无求品自高”，其实它的意思就是一个最富有的人，并不是拥有最多的人，而是欲望最少的人。西方有一句谚语

就是说：The richest person is not one who has the most, but one who wants the least.

——李开复

什么是成功？是否拥有了名利就算成功？对此，李开复回答，你的价值不是你拥有多少，而是你奉献多少。

现实中，功名利禄是许多人梦寐以求的东西，那功名利禄是什么东西？学过物理学的人都知道万有引力，人为什么不能飞起来，人为什么不会轻功，这是引力的作用。其实，在人组成的社会里面，功名利禄就是万有引力。有一些人为了功名利禄而自私自利，在自私自利心态的作用下，当他被要求付出时，就会紧捂口袋，装作埋头于自己的事。这样的人从来不关心别人，只是独自享受着自己的财富，他总是想着索取而不愿给予。他们只会变得渺小自私，让人鄙视，最终被功名利禄这个引力吸到受人唾弃的地狱里去。

李开复曾经有过一个独特的梦想，就是在中国创建一所一流的、有世界影响力的私立大学。他甚至身体力行地为此多方奔走，但最后却因种种原因而没有操作成功。但他并没有气馁，而是用另外的方式实践梦想。他说："我不能改变教育，但是我可以帮助学生。"他给中国的大学生写信，写书，办了"我学网"，每年面对十万学生做演讲。在帮助学生的过程中，李开复看到了中国大学生的成长。他说，他曾经想过自己的墓志铭应该有科学家或者企业家的注脚。但是，他说他现在已经没有这种想法，如果他的墓志铭上有热心教育者的字样，他会感觉到内心的温暖。

也许有人会说，名是虚的，利是实的，放开商业的利益原则去做仗义疏财的事，是不是有点舍本逐末？但是，如同捕鱼必须有渔网一样，随时随地播撒一些爱心的种子，就是经营之网，结的网越大，捕的鱼就越大、越多。我们常说的“临渊羡鱼，不如退而结网”，就是这个道理。

许多人对“求”的理解是“欲求、欲望”。但李开复有自己的理解：“如果你对大学生说，你不要有欲望，一般大学生都会觉得这是非常愚蠢、不切实际的。人怎么会没有欲望呢？我要吃饭啊，要买新衣服啊，要结婚生小孩啊，还要买房子买车呢，怎么会没有欲望呢？‘无求’根本就讲不通嘛！对此，我只能用一个人所做的一些事给出解释。我认识一个人，他受过西方教育，也比较理想主义，我从他的为人理解出，‘the richest man is not the man who has everything，but the man who needs nothing’，也就是说‘最富有的人不是拥有一切的人，而是无求的人’。他捐赠过一个慈善机构，这个机构想挂他的名作为报答，但他拒绝了，并且说如果有一天这个机构需要更多的捐赠，可以挂未来捐赠者的名。从这个人身上，我理解了何谓‘无求品自高’，他的品德是通过他做的事情来体现的，我很佩服。我觉得我们都应该向他学习。”

比尔·盖茨隐退一线，并宣布捐出全部财产，此举震动全球企业界。当所有人都对比尔·盖茨在退休之际捐出580亿美元财产表示惊叹的时候，比尔·盖茨曾经的同事李开复则对比尔·盖茨的做法表示了充分理解。“我觉得这是一个价值观的问题。我可以看到 45 岁以后的盖茨认为人的价值不在于他拥有多少，而是他留下多少。”李开复说。

在美国社会，富豪们热衷慈善的一个重要原因是捐款避税，美国实际上是少数几个捐款免税的国家之一。但是比尔·盖茨将高达 580 亿美元的财产全部捐出已经不能再用简单的“避税”作为原因来理解了。

李开复说，在做慈善这件事情上，我们更要向美国石油大王洛克菲勒学习。洛克菲勒不到 50 岁就成为亿万富翁，不过，他自认只是财富的保管人，不能独享财富，所以乐于捐钱给社会大众。然而，找他捐钱的人太多了。有一次，在一笔大捐款之后，一个月内请求捐助的人数竟超过五万人。由于洛克菲勒要求每一笔捐款都必须有效地使用，所以每一件申请案均须仔细调查后，他才向外捐款。为了更好地使用自己的钱，1901 年，他设立了“洛克菲勒医药研究所”;1903 年，他成立了“教育普及会”；1913 年，他设立了“洛克菲勒基金会”；1918 年，他成立了“洛克菲勒夫人纪念基金会”。

哲学家史威夫特说过 :“金钱就是自由，但是大量的财富却是桎梏。”从洛克菲勒一次次慷慨解囊中，可以看出他是深谙这个道理的。他一生之中共捐了 5 亿 5 千万美元，他的捐助，不是为了虚荣，而是出自真诚；不是出于骄傲，而是出自谦卑。他一生不做钱财的奴隶，喜爱滑冰、骑自行车与打高尔夫球。到了 90 岁，依旧身心健康，耳聪目明，日子过得很愉快。

李开复认为，每个人都能以自己的方式帮助别人，别以为只有富翁才可以这样做，不管你现在是谁，你都可以尽自己的一份力，这就是你真正的价值所在。你的付出，将给你带来一个个泉水之眼，那将是无穷的回馈。

职场点睛

人的价值就是在这世界上留下有意义的东西。如果一个人给予社会的是空白，则这个人生命也就暗淡无光，毫无意义。创业者要明白，义与利是不分家的，懂得回报社会，向社会奉献自己的一份力量，比如进行慈善活动，会是商业战场中的有效战术，更会是实现个人价值的积德之举。要知道财富、幸福从来都只青睐行善之人。

现在多一分准备，未来多一分胜算

做最好的自己就是做你自己，不要去模仿别人，其实每一个人的成功应该是多元化的，不要用金钱、名声来衡量，每一个人的成功有不同的理解。

——李开复

当被问道怎样为就业和创业作好准备时，李开复如是回答：

“一是在校时要好好培养情商和非专业的知识。如何与人相处，如何表达自己，你在工作之后，会发现情商比智商更重要；二是做任何事情都要有计划、有理想，你的计划不是下一步做什么，而是下一步工作做什么。最好的计划是做一个 5 年的规划。5 年后，你梦想的职业是什么？实现的可能性有多大？挑选一个超过 50% 成功概率的规划，这是一个比较合适的规划；三是要理解自己的兴趣和天赋，做自己爱做的事情，做自己有天赋的事情。”

李开复有一个著名的观点——做最好的自己。很多人误解这句话，认为做最好的自己，就是把自己做最成功的人，超过别人。李开复说他指的其实不是这个意思。那么什么是“做最好的自己”？对于那些成大事者来说，他们善于总结自己、反思自己、比较自己，从而扬长避短，找到自己人生的强项——自己究竟能干什么和不能干什么，并付出实际行动。这个过程就是确立自己成大事手段的过程，就是在做“最好的自己”，不明白这一点，一个人永远都会沿着错误的方向走下去。

“凡事预则立，不预则废。”“预”很关键，它告诉我们做事情要有规划，要考虑好每一个细节，还要更多地考虑所担忧的事，考虑事情发展的不利因素，并作好安排和准备。世界三级跳远冠军米兰·提夫（Milan Tiff），在 8 岁之前患了小儿麻痹症，但经过自己学走、学跑，终于研究出怎样的姿势合乎自然法则，结果，他跳出了世界上最远的纪录。

当被问到：“到底是什么原因，使你成为奥运金牌得主和世界纪录保持者呢？”他回答：“当我参加比赛时，一般人都在看我跳远当时的表现，其实，任何事业的成功，不单决定于他表现的那个时刻，重要的是，决定于他表现之前的准备。”因此，他只要看运动选手所做的热身体操，就可以知道那位选手肌肉的松弛程度和得胜的机率。

拿破仑曾说：“成功不站在自信的一方，而是站在有计划的一方。”凡事深思熟虑，必对做好、做成事情有所帮助。

无论何种意义上的成功，以下需要改变和锻炼的素质都是成功的因素。

● 克服犹豫不定的习性：很多人之所以一事无成，最大的毛病就是缺乏敢于决断的手段，总是左顾右盼、思前想后，从而错失成功的最佳时机。成大事者在看到事情的成功可能性到来时，敢于做出重大决断，因此取得先机。

● 彻底改变自己的缺陷：人人都有弱点，不能成大事者总是固守自己的弱点，一生都不会发生重大转变；能成大事者总是善于从自己的弱点上开刀，去把自己变成一个能力超强的人。一个连自己的缺陷都不能纠正的人，只能是失败者。

● 从失败中获取成功的资本：人生总要面临各种困境的挑战，甚至可以说困境就是“鬼门关”。一般人会在困境面前浑身发抖，而成大事者则能把困境变为成功的有力跳板。

● 善于选择、善于创造：机遇就是人生最大的财富。浪费机遇轻而易举，成功人士都是绝对不允许机遇溜走，并且能纵身扑向机遇。

● 做自己最擅长的事情：一个能力极弱的人肯定难以打开人生局面，他必定是人生舞台上重量级选手的牺牲品；成大事者在自己要做的事情上，会充分施展才智，一步一步地拓宽成功之路。

● 切忌让情绪伤害自己：心态消极的人，无论如何都挑不起生活和重担，因为他们无法直面一个个人生挫折，成大事者则有好心态，即使在毫无希望时，也能看到一线成功的亮光。

职场点睛

一个人不懂得交往，必然会阻碍推动人际关系的力量。成功人士特点之一是：善于靠借力、借人去营造成功的局势，从而能把一件件难以办成的事办成，实现自己人生的规划。

人生是一个过程，成功也是一个过程。你如果只满足于小成功，就不会推动大成功。成大事者懂得从小到大的艰辛过程，所以在实现了一个个小成功之后，能继续下一个人生的新起点。

哪怕你是小人物，也要有大人物的做事习惯

现在你是小人物不要紧，只要你有大人物般的做事习惯，那么，真正的“大人物”也就离你不远了。所以，首先要养成大人物的做事习惯才行。

——李开复

李开复一直觉得，人生的成功，既是内在素质的修炼，也是外在表现的展示。

“刚开始时你可能学不好，没关系，慢慢来。因为一个人的外在表现是他内心世界的真实反映，不要忽视任何小事情、小地方。”李开复说。

我们每个人都有这样的体会，如果我们穿着很帅，在没出门前照照镜子，自己就有一种愉悦的感觉。出门后在工作中，在社交场合，别人再夸奖一下，更感觉到自己是个“人物”。这是一种很有效的方法，如果再配上比较庄重的讲话姿态和语气，那么没有人认为你是“阿猫阿狗”。

有一次，李开复去看望他的一个朋友，他在悉尼是一家建筑公司的老板。

在建筑工地上，李开复看到10几个年轻人在干活，他们

都是当地的澳大利亚人，其中一个人，也是穿着工作服，头戴安全帽，但他衣着得体。正在李开复和老板谈话时，他过来汇报一件事情。只说了三句话，便离去。

李开复便对他的那位朋友说："你这个工人，将来必有成就，能成功。"朋友很惊讶地说："你怎么知道？他现在就是我的现场工地经理。"

李开复笑了笑，说："从一件小事就能看出，你看他的衣服规整，他摘下安全帽时，随手从上衣袋里拿出梳子梳了一下头发。尽管都是穿工作服，大家都是一身土，但他的衣着看上去就比别人整齐，这就显示这个人自我意识是成功者，他要随时注意自己的形象。"

老板朋友惊叹："你不愧是经历了这么多的人啊，看人还真准。"

说着，李开复的老板朋友便跟他讲起了自己当年的故事。

朋友说，早期在悉尼创业时，身边的朋友多数也是没钱的。其中一位在一家大型连锁店的商店里当切肉工，名叫 Jack。在做了两年后，他被提升为肉店经理。而当时店里有 8 个员工，他是唯一的亚洲人。有一个资格老的澳洲人不服气，找大老板抱怨为什么不提升他。

他的大老板说："看看你的头发（是否整齐），看看你每天的工作服（是否干净），再看看你的鞋（是否光亮、干净），就凭这些你和 Jack 能比吗？”

所以，从这些故事中你可以看出，不论你是建筑工人，是餐馆的服务员，还是公司的白领，穿着打扮能促使你想到自己是成功者，是个“人物”。

李开复说，一个人的修养与高贵来自于内心。多做一些助人为乐的事会很快培养你豁达、乐观、积极向上的性格，当你帮助了别人，对方会真诚地说谢谢你。你那时候的内心感觉肯定是舒畅、美妙的。要养成习惯做一些力所能及、助人为乐的好事。其实，你也不需要做太大的事。比如说在别人往车上抬东西时，你正好走到那儿，顺手帮一下；在一个妇女推着小车，带着孩子进电梯时，你用手挡住电梯门，帮忙把小车放进来。这些小事都不难，也不需花钱，做多了，你在自己心中的形象必然就是高贵的。

职场点睛

成也习惯，败也习惯。好习惯是成功的基石，而坏习惯则是一生的累赘，它引导你由成功走向失败，将到手的成功果实化为东流。因此，无论任何人，即使你现在还是一个小人物，没关系，你只要保持良好的习惯，改变不良的习惯，最后养成大人物的习惯，都可以走向成功。

用勤劳播种幸福，用汗水装点人生

中国工程师创新不如美国人，但更勤奋。

——李开复

懒惰是一种精神腐蚀剂，因为懒惰，人们不愿意爬过一个小山冈；因为懒惰，人们不愿意战胜那些完全可以战胜的困难。

一位哲人说过："世界上能登上金字塔的生物只有两种：一种是鹰，一种是蜗牛。不管是天资奇佳的鹰，还是资质平庸的蜗牛，能登上塔尖，极目四望，俯视万里，都离不开两个字——勤奋。"据此我们可以说，最有价值的商业格言就是：为一切事情增加价值，最大限度地发挥你的积极主动性，并以勤奋努力实现你的目标。

在世界华人圈里，香港富豪李兆基的名字，经常出现在外国财经杂志财富排行榜的榜单之列。他是从一个默默无闻的年轻人，凭借自身的勤奋努力干出了一番轰轰烈烈的大事。短短几十年时间，他取得了令世人瞩目的成就。李兆基有一句格言："小生意怕食不怕息，大生意怕息不怕食。"他最不喜欢把时间及金钱花用在吃吃喝喝的应酬之上。因为对李兆基而言，勤奋努力才是创业、做生意能够取得成功的最重要的因素。

从此种意义上说，勤奋是挖掘工作潜在价值的重要途径，离开了勤奋，工作将变得索然无味，生意自然变得平淡，当然不要指望有什么突破和超越了。

李开复很喜欢中国的学生，就是因为他们很勤奋。因为勤奋肯干，专注于发展自己的事业是美德，是一种敬业精神。他说："我们的吸引力就是很特殊的自由、透明、团结、创新的文化，加上一批勤奋的青年人就能带动这边的工作。实际上一项工作能做到什么程度，主要是要看这些人勤奋的程度如何。中国的员工编程干劲非常强，但是创造力比较弱，而谷歌公司的人没有很强的占有欲，所以他们把课题带了回来，带动中国员工，启发他们的创造力。几个月之后，希望有他们20%的创新，慢慢变成和美国总部一样的研发机构。"

李开复在招聘时会淘汰那些不积极努力的学生，因为他认为，中国工程师在创新上不如美国人，只有靠自己的勤奋努力来弥补这一缺憾。李开复说："正是靠着勤奋加创新，让谷歌中国团队在我加盟谷歌后 3 年多的时间里提升得非常迅速，其中资深工程师提升的速度和概率超过了美国。"

2008 年，李开复离开了谷歌，回到国内创办自己的"创新工场"，他果断放弃了让他功成名就的事业，而选择用自己的勤奋和努力去开创一番属于自己的新天地。他总是会为了实现自己更大的人生价值不惜付出更多的汗水。"我想这其实也是我想要的人生，我不贪婪金钱，不追求权力，只是希望能够在年轻的时候做出一番事业，用自己的勤劳和汗水去打拼，去赢得人生的尊严，去证明自己存在的价值。"李开复如是说。

李开复当然也希望把这种勤劳的品质传递给中国的每一个渴望有所建树的青年人，他说："少年得志，狂妄自大，游手好闲，不思勤奋，是失败之源；放纵自己，轻佻浮躁，早晚会闯祸；凡事不可忘本，饮水而不思源，后果堪虞。"

总之，勤奋是一切成功的源泉，世间没有不劳而获的成功，职场更是如此。职场人士应该深谙这个道理，克服自己的惰性，让自己每天多干一点点，这样才能让企业多进步些，让自己和企业的明天比竞争者更好一些。当然，勤劳也要有"度"的把握，废寝忘食或者由于无谓忙碌而心力憔悴、失去自我是不足取的。

职场点睛

投入劳动才能获得收获。尤其是在初入职场的前几个年头，只有坚持做到"腿勤、嘴勤、耳勤、手勤、眼勤、脑勤"，才能尽快在公司中找到合适自己的定位，获得老板、上司的信赖以及同事伙伴的认可，从而在竞争中站稳先机，成为一个不可替代的人。